NE능률 영어교과서

대한민국 고등학생 **10명 중 4.7명**이 보는 교과서

영어 고등 교과서 점유율 1위

[7차, 2007 개정, 2009 개정, 2015 개정]

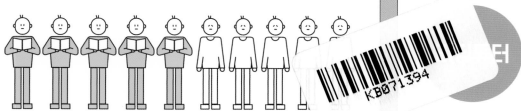

능률보카

그동안 판매된
능률VOCA 1,100만 부

대한민국 박스오피스
**천만명을 넘은 영화
단 28개**

그동안 판매된
리딩튜터 1,800만 부
차곡차곡 쌓으면 18만 미터

**에베레스트
20배 높이**

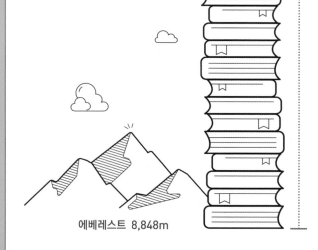

에베레스트 8,848m

180,000m

그래머존

그동안 판매된 400만 부의 그래머존을 바닥에 쭉 ~ 깔면

1000km 서울-부산 왕복가능

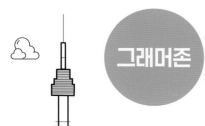

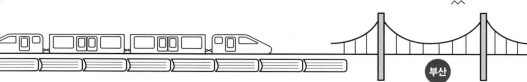

서울

부산

NELT 문법 실전 모의고사 LEVEL **4**

지은이	NELT 평가연구소
선임 연구원	김지현
연구원	윤인아
영문교열	Angela Lan
디자인	민유화
맥편집	김미진
영업	김영일, 이국전
마케팅	강주현, 김성준, 박소리

Let's grow together

NE능률이
미래를
창조합니다.

건강한 배움의 고객가치를 제공하겠다는 꿈을 실현하기 위해
42년 동안 열심히 달려왔습니다.

앞으로도 끊임없는 연구와 노력을 통해
당연한 것을 멈추지 않고

고객, 기업, 직원 모두가 함께 성장하는 NE능률이 되겠습니다.

NELT

Neungyule English Level Test

—

문법 실전 모의고사

LEVEL 4

NELT(Neungyule English Level Test)란?

NELT(넬트)는 영어교육 전문기업 NE능률이 한국 교육과정 기준으로 개발한 IBT(Internet Based Test) 방식의 영어 레벨 테스트입니다. 응시자 수준에 맞는 문항을 통해 영역별(어휘·문법·듣기·독해) 실력을 정확하게 측정하고 전국 단위 객관적 평가 지표와 맞춤형 학습 처방을 제공합니다. NELT를 통해 중고등 내신·수능에 대비하는 학생들의 약점을 파악하고, 효율적인 학습으로 실질적인 성적 향상을 도모할 수 있습니다.

시험 특징

◉ 영역별 심화 학습 가능

정확한 어휘 활용 능력 측정

| 형태 | 의미 | 쓰임 |

약 1만 개 어휘를 토대로 설계한 다양한 문제 유형을 통해, 어휘의 형태/의미/쓰임을 제대로 알고 있는지 평가하여 정확한 어휘 활용 능력을 측정

문법 항목별 약점에 따라 처방

| 활용 | 판단 |

응시자가 문법적 맥락에 맞게 사용하지 못한 문법 항목들을 구체적으로 제공함으로써 올바른 문법 학습 방향을 제시

영어 실력 향상

(어휘력 / 문법 이해력 / 독해력 / 듣기 능력)

듣기 시험 대비와 의사소통 능력 향상

| 정보 파악 | 문제 해결 | 표현 |

교육부 듣기 영역 성취 기준에 따라 정보 이해력, 논리력, 문제 해결력, 추론 능력 등을 평가하여, 내신 및 수능 듣기 평가에 대비

심도 있는 평가를 통한 읽기 능력 향상

| 정보 파악 | 논리적 사고 | 문제 해결 |

교육부 읽기 영역 성취 기준에 따라 정보 이해력, 논리력, 문제 해결력, 추론 능력 등을 평가하여, 내신 및 수능 독해 평가에 대비

◉ 편리한 접근성
- PC/태블릿/스마트폰 등으로 언제 어디서나 원하는 날짜와 시간에 응시
- 학생 응시 완료 후 성적 결과를 곧바로 확인

◉ 정확한 실력 측정
- 응시자 실력에 따라 난이도가 결정되는 반응형 테스트
- Pre-test(어휘) 결과에 따라 응시자 수준에 적합한 영역별 문항 출제

◉ 상세한 성적표
- 한국 교육과정 기준의 객관적 지표로 영역별 실력 진단
- 내신·수능 대비에 최적화한 맞춤형 학습 처방 제공

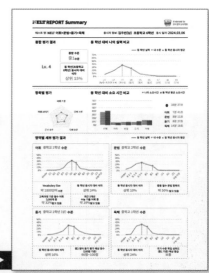

NELT 요약 성적표 예시 ▶

시험 구성

⊙ 시험 종류

※ Pre-test(어휘) 제외

구분	테스트 영역	문항 수 / 제한시간
종합 테스트	NELT 어휘+문법+듣기+독해	68문항 / 65분
선택형 테스트	NELT 어휘+문법	40문항 / 26분

⊙ 영역별 세부 구성

※ Pre-test(어휘) 결과에 따라 영역별 응시 문항 난이도가 결정됨

구분	Pre-test (어휘)	어휘	문법	듣기	독해
평가 내용	어휘의 철자와 의미를 안다.	문맥 속에서 어휘의 다양한 의미와 쓰임을 이해하고 사용할 수 있다.	어법의 올바른 쓰임을 알고 활용할 수 있다.	대화나 담화를 듣고 내용을 적절히 파악하고 이해할 수 있다.	글을 읽고 글의 주제와 세부 사항, 논리적 흐름을 파악하고 이해할 수 있다.
평가 유형	단어 의미 이해하기	– 단어 이해하고 문맥에서 활용하기 – 상관 관계 파악하기 – 다의어 이해하기 – 알맞은 단어 사용하기	– 어법성 판단하기 – 어법에 맞게 사용하기	– 대의 파악하기 – 세부 사항 파악하기 – 추론하기 – 적절한 표현 고르기	– 대의 파악하기 – 세부 사항 파악하기 – 추론하기 – 논리적 관계 파악하기
답안 유형	객관식	객관식+주관식	객관식+주관식	객관식	객관식
문항 수	30~40문항	20문항	20문항	12문항	16문항
제한시간 /평균 소요시간	10분/4분	10분/7분	16분/11분	14분/9분	25분/13분

⊙ 레벨 구성

레벨	1	2	3	4	5	6	7	8	9
학년	Kinder~초2	초3~초4	초5~초6	중1	중2	중3	고1	고2	고3
난이도	유치 ~초등 기초	초등 기본	초등 심화	중등 기초	중등 기본	중등 심화	고등 기초	고등 기본	수능 실전

NELT 고득점을 위한 이 책의 사용법

 실전 모의고사 응시

NELT 문법 영역에서 출제 가능성이 있는
모의고사 문제를 풀고 실력을 점검할 수
있습니다.

 문법 출제 포인트 확인

문항별 출제 포인트를 확인하며 취약한 부분을
점검해 보세요. 반복되는 학년별 주요 문법 사항을
정확히 알고 있는지 확인할 수 있습니다.

서술형 문항

실제 NELT 시험과 동일한 유형의 서술형 문항을 통해
NELT의 서술형 문항에 대비할 수 있어요.

이해도 체크

문항별 출제 포인트에 대한 이해도를 O/X/△로
표시하며 스스로 점검할 수 있어요.

각 문항별 문법 포인트와 자세한 설명을
수록하여 문제의 핵심을 쉽게 파악할 수 있는
STUDY BOOK이 제공됩니다. 자세한 문법
설명을 통해 해당 문법 포인트를 한 번 더
집중적으로 학습하는데 활용해 보세요.

복습 모의고사 2회를 풀면서 각 문항의 정답을
꼼꼼하게 살펴보세요. 학년별 주요 문법 사항을
통합적으로 정리할 수 있습니다.

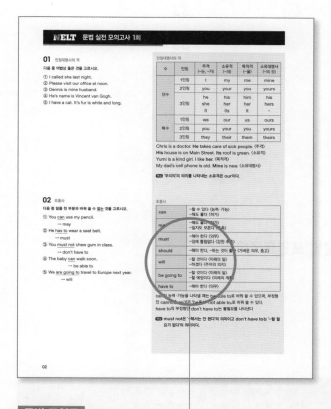

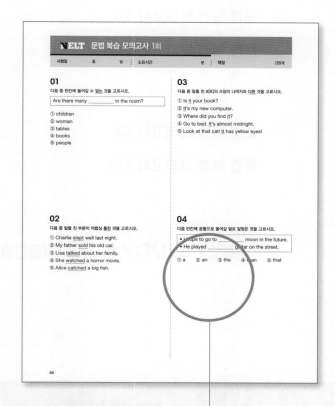

문법 포인트

문제에서 다룬 문법 포인트를 키워드로 제시한 후
자세한 설명을 제공합니다. 문법 사항에 대한 추가
학습을 통해 해당 문법을 자세히 이해할 수 있어요.

복습 모의고사

실전 모의고사 문항 중 핵심 문항으로 선별된
복습 모의고사를 통해 학년별로 출제 가능성이 높은
문항을 복습할 수 있어요.

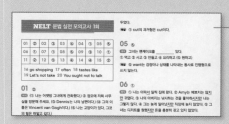

정답 및 해설 활용

모든 문항에 대한 해석, 해설을 통해 혼자서도 충분히 학습할 수 있어요.
친절한 해설을 통해 정답을 찾는 방법을 학습할 수 있습니다.

CONTENTS

책속책 | STUDY BOOK (문항별 문법 포인트 정리)

"

Success is the sum of

small efforts,

repeated day in and day out.

"

NELT
Neungyule English Level Test
문법 실전 모의고사

시험일   월   일 | 소요시간   분 | 채점   /20개

01

다음 중 어법상 옳은 것을 고르시오.

① I called she last night.
② Please visit our office at noon.
③ Dennis is mine husband.
④ He's name is Vincent van Gogh.
⑤ I have a cat. It's fur is white and long.

02

다음 중 밑줄 친 부분과 바꿔 쓸 수 <u>없는</u> 것을 고르시오.

① You <u>can</u> use my pencil.
    → may
② He <u>has to</u> wear a seat belt.
    → must
③ You <u>must not</u> chew gum in class.
    → don't have to
④ The baby <u>can</u> walk soon.
    → be able to
⑤ We <u>are going to</u> travel to Europe next year.
    → will

03

다음 빈칸에 들어갈 말이 바르게 짝지어진 것을 고르시오.

A: Mom, this cup on the table is dirty.
B: Just put _____ in the sink and find a
   clean _____ in the kitchen.

① one – one
② one – it
③ it – any
④ it – one
⑤ some – one

04

다음 중 어법상 <u>틀린</u> 것을 고르시오.

① I cutted my finger yesterday.
② She bought a skirt last weekend.
③ We sang Christmas carols together.
④ He carried a box for his sister.
⑤ She put the book on your desk yesterday.

05

다음 중 빈칸에 들어갈 수 <u>없는</u> 것을 고르시오.

> She is _____ pancakes.

① eating
② buying
③ making
④ cooking
⑤ wanting

06

다음 빈칸에 들어갈 말이 나머지와 <u>다른</u> 것을 고르시오.

① I was sick, _____ I came home early.
② Amy is not pretty, _____ she is cute.
③ My father likes fishing, _____ I don't.
④ He woke up late, _____ he wasn't late for work.
⑤ She wanted some dessert, _____ she didn't have enough money.

07

다음 중 밑줄 친 부분이 어법상 <u>틀린</u> 것을 고르시오.

① She went to bed <u>early than</u> usual.
② This novel is <u>as interesting as</u> that one.
③ Seoul is <u>one of the biggest cities</u> in the world.
④ This chair is <u>much more comfortable</u> than that one.
⑤ Who is <u>the tallest student</u> in your school?

08

다음 우리말을 영어로 바르게 옮긴 것을 고르시오.

① 테이블 앞에 상자가 있다.
   → There is a box behind the table.
② 나는 정오 전에 점심을 먹는다.
   → I eat lunch after noon.
③ 그는 극장 맞은편에 서 있다.
   → He is standing next to the theater.
④ 그 어린이들은 나무 근처에 앉았다.
   → The kids sat under the tree.
⑤ 나는 다음 주까지 여기에 머무를 예정이다.
   → I'm going to stay here until next week.

09

다음 중 보기의 밑줄 친 부분과 쓰임이 같은 것을 고르시오.

> 보기 Amy was happy to return to her hometown.

① The boy grew up to be a great artist.
② John washed the dishes to help his mom.
③ I was surprised to hear the strange sound.
④ She was wise to tell the truth.
⑤ Kelly went to the store to buy a sweater.

10

다음 중 어법상 옳은 것끼리 바르게 짝지어진 것을 고르시오.

> a. I can't find any boxes here.
> b. Will you have some orange juice?
> c. Do you have some plans tonight?
> d. There aren't some people in the theater.

① a, b
② a, c
③ a, d
④ b, c
⑤ b, d

11

다음 각 네모 안에서 어법상 알맞은 것끼리 짝지어진 것을 고르시오.

> • They worked really hard / hardly .
> • Do I eat too fast / fastly ?
> • I feel tired late / lately .

① hard – fast – late
② hard – fast – lately
③ hardly – fastly – late
④ hardly – fast – lately
⑤ hardly – fastly – lately

12

다음 중 밑줄 친 부분의 쓰임이 나머지와 다른 것을 고르시오.

① Are you good at playing baseball?
② I'm interested in studying science.
③ My father is thinking about retiring.
④ We gave up riding bikes.
⑤ Her job is repairing cars.

13

다음 빈칸에 알맞은 것을 고르시오.

It is dangerous _____ in the sea.

① swim
② swam
③ swimming
④ to swim
⑤ to swimming

14

다음 우리말을 영어로 바르게 옮긴 것을 고르시오.

이 청바지는 정말 비싸구나!

① How expensive these jeans!
② How are expensive these jeans!
③ What expensive are these jeans!
④ What expensive jeans these are!
⑤ What expensive jeans are these!

15

다음 중 어법상 옳은 것의 개수를 구하시오.

a. Would you lend me some money?
b. John offered two concert tickets for the couple.
c. The onion soup smells nicely.
d. I want you to come to school on time.
e. Did he allow you use his car?

① 1개   ② 2개   ③ 3개   ④ 4개   ⑤ 5개

16

다음 우리말과 일치하도록 주어진 단어를 활용하여 문장을 완성하시오. (2단어로 쓸 것)

그들은 토요일마다 쇼핑하러 간다. (shop)
→ They _____ on Saturdays.

정답 _____

17

다음 주어진 문장의 밑줄 친 부분을 바르게 고쳐 쓰시오.

> A: How <u>many</u> do you see your girlfriend?
> B: I see her twice a week.

정답 _____

18

다음 우리말과 일치하도록 주어진 단어를 활용하여 문장을 완성하시오. (2단어로 쓸 것)

> 이것은 닭고기 같은 맛이 난다. (taste)
> → This _____ chicken.

정답 _____

19

다음 우리말과 일치하도록 밑줄 친 부분을 바르게 고쳐 쓰시오.

> 지금 산책하지 말자. 눈이 내려.
> → Let's <u>take not</u> a walk now. It's snowing.

정답 _____

20

다음 우리말과 일치하도록 주어진 단어를 바르게 배열하시오.

> 너는 도서관에서 큰 소리로 이야기해서는 안 된다.
> (not, ought, you, to, talk)

정답 _____

loudly in the library.

문법 실전 모의고사 1회		O/X/△
1	인칭대명사를 알맞은 격의 형태로 쓸 수 있는가?	O/X/△
2	다양한 조동사의 의미를 구분할 수 있는가?	O/X/△
3	부정대명사 one과 인칭대명사 it의 쓰임을 알고 있는가?	O/X/△
4	일반동사 과거형의 알맞은 형태를 파악하고 있는가?	O/X/△
5	진행형으로 쓰지 않는 동사를 파악하고 있는가?	O/X/△
6	다양한 등위접속사의 의미와 쓰임을 알고 있는가?	O/X/△
7	비교 표현을 알맞은 형태로 쓸 수 있는가?	O/X/△
8	시간과 장소의 전치사를 알맞게 쓸 수 있는가?	O/X/△
9	to부정사의 부사적 용법의 의미를 구분할 수 있는가?	O/X/△
10	부정대명사 some과 any의 쓰임을 구분할 수 있는가?	O/X/△
11	부사의 형태와 의미를 파악하고 있는가?	O/X/△
12	동명사의 역할과 쓰임을 파악하고 있는가?	O/X/△
13	to부정사와 가주어 it을 알맞게 쓸 수 있는가?	O/X/△
14	What으로 시작하는 감탄문을 알맞게 쓸 수 있는가?	O/X/△
15	다양한 문장의 형식을 파악하고 있는가?	O/X/△
16	동명사의 관용 표현을 파악하고 있는가?	O/X/△
17	「how+형용사[부사]」의 쓰임을 파악하고 있는가?	O/X/△
18	「감각동사+like+명사」 구문을 알맞게 쓸 수 있는가?	O/X/△
19	제안문의 부정형을 알맞게 쓸 수 있는가?	O/X/△
20	조동사 ought to를 알맞게 쓸 수 있는가?	O/X/△

01

다음 중 빈칸에 들어갈 수 <u>없는</u> 것을 고르시오.

Are there many _____ in the room?

① children
② woman
③ tables
④ books
⑤ people

02

다음 중 어법상 <u>틀린</u> 것을 고르시오.

① This bag was really cheap.
② I will return with your food short.
③ Mr. Thompson has a large dog.
④ You speak too fast.
⑤ I don't want a cold drink.

03

다음 빈칸에 들어갈 말이 바르게 짝지어진 것을 고르시오.

• The earth _____ around the sun.
• Paul _____ Joe 10 years ago.

① go – met
② goes – met
③ went – met
④ went – meets
⑤ goes – meets

04

다음 우리말을 영어로 바르게 옮기지 <u>않은</u> 것을 고르시오.

① 이 다리는 얼마나 높은가요?
   → How tall is this bridge?
② 누가 너에게 이 꽃들을 주었니?
   → Who gave you these flowers?
③ 너는 이 케이크를 어떻게 만들었니?
   → How did you make this cake?
④ 너는 고양이와 개 중 어느 것을 선호하니?
   → What do you prefer, cats or dogs?
⑤ 너는 이 멋진 셔츠를 어디에서 구했니?
   → Where did you get this nice shirt?

05

다음 우리말을 영어로 바르게 옮긴 것을 고르시오.

> 너는 강에서 수영할 수 있니?

① Are you swim in the river?
② May you swim in the river?
③ Can you swim in the river?
④ Do you swim in the river?
⑤ Should you swim in the river?

06

다음 중 어법상 옳은 것끼리 바르게 짝지어진 것을 고르시오.

> a. Not worry too much.
> b. Wake me up at 7, please.
> c. Let's going on a picnic tomorrow.
> d. Let's not give up so easily.

① a, b
② a, c
③ a, d
④ b, c
⑤ b, d

07

다음 중 보기의 밑줄 친 부분과 쓰임이 다른 것을 고르시오.

> 보기 I enjoy swimming in the pool.

① I felt like crying.
② Are they waiting outside?
③ Please stop arguing with each other.
④ Watching the shooting stars was great.
⑤ His job is teaching middle school students.

08

다음 중 어법상 틀린 것을 고르시오.

① They were playing the piano.
② She is cleaning the classroom now.
③ The new movie is coming soon.
④ I was reading a newspaper.
⑤ He was knowing the teacher's name.

09

다음 중 밑줄 친 부분의 쓰임이 나머지와 <u>다른</u> 것을 고르시오.

① I hope <u>to see</u> you again soon.
② They were sad <u>to hear</u> the story.
③ She agreed <u>to follow</u> the new rule.
④ It is dangerous <u>to swim</u> in the river.
⑤ His dream is <u>to have</u> his own restaurant.

10

다음 빈칸에 들어갈 말이 나머지와 <u>다른</u> 것을 고르시오.

① _____ cute this kitten is!
② _____ a great cook he is!
③ _____ pretty gloves they are!
④ _____ an exciting game it is!
⑤ _____ a handsome man he is!

11

다음 중 어법상 옳은 것의 개수를 구하시오.

> a. You look sad today.
> b. His voice sounds greatly.
> c. Lauren sent me a package.
> d. Please give your photo to me.
> e. My parents expect me to be a teacher.

① 1개　　② 2개　　③ 3개　　④ 4개　　⑤ 5개

12

다음 우리말과 일치하도록 빈칸에 알맞은 것을 고르시오.

> 이곳은 사막만큼 덥다.
> → This place is as _____ as a desert.

① hot
② hotter
③ hottest
④ more hot
⑤ most hot

13

다음 중 밑줄 친 부분이 어법상 <u>틀린</u> 것을 고르시오.

① <u>Few</u> people know the secret.

② We only have <u>a few</u> time to talk.

③ There is <u>a little</u> tea in the cup.

④ She already had <u>a few</u> chances to go abroad.

⑤ Did you spend <u>a lot of</u> money on your dress?

14

다음 괄호 안에 들어갈 말로 바르게 짝지어진 것을 고르시오.

- Mom finished | cleaning / to clean | the kitchen.
- We decided | going / to go | to Rome for the holidays.
- He is thinking about | living / to live | near the beach.

① cleaning – going – living

② to clean – going – living

③ cleaning – to go – living

④ to clean – going – to live

⑤ cleaning – to go – to live

15

다음 중 빈칸에 알맞은 것을 고르시오.

I have a stomachache _____ I had too much ice cream yesterday.

① if

② because

③ when

④ that

⑤ while

16

다음 문장의 밑줄 친 부분을 바르게 고쳐 쓰시오.

<u>That</u> is difficult to pronounce your name.

정답 _____

17

다음 우리말과 일치하도록 빈칸에 알맞은 말을 쓰시오.

> 너는 곧 나를 방문할 거야, 그렇지 않니?
> → You will visit me soon, _____?

정답 _____

18

다음 빈칸에 공통으로 들어갈 말을 쓰시오.

> • I just made a pie. Please help _____.
> • You won first prize! You must be proud of _____.

정답 _____

19

다음 주어진 문장을 3형식 문장으로 바꿔 쓰시오.

> Dad made us some sandwiches.
> → Dad made _____.

정답 _____

20

다음 우리말과 일치하도록 주어진 단어를 바르게 배열하시오.

> 그녀는 오늘 일찍 일어날 필요가 없다.
> (early, wake up, have, doesn't, to)

정답 She _____

_____ today.

NELT
문항별 출제 포인트 *point*

	문법 실전 모의고사 2회	O/X/△
1	「There+be동사」 구문을 알맞은 형태로 쓸 수 있는가?	O/X/△
2	형용사와 부사의 쓰임을 파악하고 있는가?	O/X/△
3	문장의 시제를 파악하고 알맞은 형태로 쓸 수 있는가?	O/X/△
4	다양한 의문사의 의미와 쓰임을 파악하고 있는가?	O/X/△
5	다양한 조동사의 의미를 알고 의문문을 알맞게 쓸 수 있는가?	O/X/△
6	명령문과 제안문의 긍정형과 부정형을 알맞게 쓸 수 있는가?	O/X/△
7	동명사와 현재진행형을 구분할 수 있는가?	O/X/△
8	진행형으로 쓰지 않는 동사를 파악하고 있는가?	O/X/△
9	to부정사의 다양한 용법을 구분할 수 있는가?	O/X/△
10	How 감탄문과 What 감탄문을 구분할 수 있는가?	O/X/△
11	다양한 문장의 형식을 알맞게 쓸 수 있는가?	O/X/△
12	원급 비교를 알맞은 형태로 쓸 수 있는가?	O/X/△
13	수량형용사의 쓰임을 파악하고 있는가?	O/X/△
14	목적어 역할을 하는 to부정사와 동명사를 이해하고 있는가?	O/X/△
15	다양한 종속접속사의 의미를 파악하고 있는가?	O/X/△
16	to부정사와 가주어 it을 알맞게 쓸 수 있는가?	O/X/△
17	부가의문문을 알맞게 쓸 수 있는가?	O/X/△
18	재귀대명사의 관용 표현을 알맞게 쓸 수 있는가?	O/X/△
19	4형식 문장을 3형식으로 바르게 전환할 수 있는가?	O/X/△
20	조동사 don't have to를 알맞은 형태로 쓸 수 있는가?	O/X/△

01

다음 중 단어의 복수형이 바르게 짝지어지지 <u>않은</u> 것을 고르시오.

① baby – babies
② sheep – sheeps
③ child – children
④ mouse – mice
⑤ wolf – wolves

02

다음 중 밑줄 친 부분이 어법상 옳은 것끼리 바르게 짝지어진 것을 고르시오.

a. I was born in <u>the Seoul</u> in 1991.
b. I usually buy things on <u>the Internet</u>.
c. Kate will <u>play the guitar</u> for her parents.
d. We had toast and milk for <u>the breakfast</u>.

① a, b
② a, c
③ a, d
④ b, c
⑤ b, d

03

다음 중 대화에 어법상 <u>틀린</u> 부분이 있는 것을 고르시오.

① A: Is he studying now?
   B: No, he isn't.
② A: Did you make a reservation, sir?
   B: No, I didn't.
③ A: Do you have any questions?
   B: Yes, I do.
④ A: Are you faster than him?
   B: Yes, you are.
⑤ A: Is she going to meet him?
   B: No, she isn't.

04

다음 중 밑줄 친 부분의 쓰임이 나머지와 <u>다른</u> 것을 고르시오.

① Sheldon <u>may</u> be a genius.
② She <u>may</u> be at the hospital now.
③ <u>May</u> I ask you some questions?
④ Don't wait for me. I <u>may</u> be late.
⑤ Mr. Lee <u>may</u> not come back again.

05

다음 중 빈칸에 will[Will]을 쓸 수 없는 것을 고르시오.

① I _____ call you later.
② He _____ be 20 years old next year.
③ I _____ visited my hometown last week.
④ _____ you come to my birthday party?
⑤ The airplane _____ take off in five minutes.

06

다음 빈칸에 들어갈 말이 바르게 짝지어진 것을 고르시오.

- She was mad at me _____ I ate her cake.
- I want to meet you _____ you have time.

① if – so
② when – that
③ because – if
④ that – after
⑤ while – from

07

다음 우리말을 영어로 바르게 옮긴 것을 고르시오.

A: I called you around 9 p.m., but you didn't answer.
B: 나는 극장에서 영화를 보고 있었어.

① I watch a movie at the theater.
② I watched a movie at the theater.
③ I will watch a movie at the theater.
④ I was watching a movie at the theater.
⑤ I am watching a movie at the theater.

08

다음 각 네모 안에서 어법상 알맞은 것끼리 짝지어진 것을 고르시오.

- Valentine's Day is in / on February.
- The TV show starts at / in noon every day.
- People give candy to children on / at Halloween.

① in – at – on
② in – in – on
③ in – at – at
④ on – at – at
⑤ on – in – at

09

다음 중 어법상 틀린 것을 고르시오.

① All of the milk is fresh.
② Each student has a textbook.
③ All of your questions are difficult.
④ Both of the man likes coffee.
⑤ Every game starts at 7 p.m. in the evening.

10

다음 중 밑줄 친 부분의 위치가 틀린 것을 고르시오.

① She is usually wearing sunglasses.
② My brother eats often vegetables.
③ I always wear my blue cap.
④ She is sometimes late for work.
⑤ I will never make the same mistake again.

11

다음 중 어법상 옳은 것의 개수를 고르시오.

a. Kate gave up to exercise every morning.
b. I hate clean my room.
c. I avoid eating fast food.
d. The team expects winning.
e. She wants to be a fashion designer.

① 1개   ② 2개   ③ 3개   ④ 4개   ⑤ 5개

12

다음 중 빈칸에 들어갈 수 없는 것을 고르시오.

My car is _____ more expensive than hers.

① very
② still
③ even
④ far
⑤ a lot

13

다음 중 보기의 밑줄 친 부분과 쓰임이 같은 것을 고르시오.

> 보기 We went to New York to spend Christmas together.

① I have some books to read.
② You need to relax for a while.
③ It is impossible to get there in time.
④ I have an interesting story to tell you.
⑤ He went to the market to buy some eggs.

14

다음 중 문장의 해석으로 옳지 않은 것을 고르시오.

① I am not going to leave.
　→ 나는 떠나지 않을 것이다.
② She can play the piano well.
　→ 그녀는 피아노를 잘 연주할 수 있다.
③ I had to drink a cup of coffee.
　→ 나는 커피 한 잔을 마셔야 했다.
④ I won't be able to visit you tomorrow.
　→ 나는 내일 당신을 방문하지 못할 거예요.
⑤ He should bring an umbrella.
　→ 그는 우산을 가지고 간 것이 틀림없다.

15

다음 중 보기와 문장의 형식이 다른 것을 고르시오.

> 보기 Mr. Park teaches us Korean history.

① Please send me the file.
② Would you show them the map?
③ He asked me many questions.
④ I offered a cup of tea to Ms. Williams.
⑤ My grandmother gave her some advice.

16

다음 빈칸에 공통으로 들어갈 말을 쓰시오.

> • You look _____ a movie star.
> • I don't feel _____ eating now. I'm not hungry.

정답

17

다음 주어진 문장을 부정문으로 바꿔 쓰시오. (5단어로 쓸 것)

It is your fault.

정답 _____

18

다음 우리말과 일치하도록 주어진 단어를 활용하여 문장을 완성하시오.

우리는 캠핑을 가지 않기로 결정했다. (go)

정답 We decided _____ camping.

19

다음 문장의 밑줄 친 부분을 바르게 고쳐 쓰시오.

Which do you like better, golf and tennis?

정답 _____

20

다음 우리말과 일치하도록 주어진 단어를 바르게 배열하여 문장을 완성하시오.

그의 새 책은 참 흥미롭구나!
(is, new, how, his, book, interesting)

정답 _____

	문법 실전 모의고사 3회	O/X/△
1	복수명사의 올바른 형태를 알고 있는가?	O/X/△
2	정관사 the의 쓰임을 이해하고 있는가?	O/X/△
3	be동사와 일반동사 의문문을 알맞은 형태로 쓸 수 있는가?	O/X/△
4	조동사 may의 의미를 구분할 수 있는가?	O/X/△
5	조동사 will의 쓰임을 이해하고 있는가?	O/X/△
6	종속접속사의 의미와 쓰임을 이해하고 있는가?	O/X/△
7	과거진행형을 알맞은 형태로 쓸 수 있는가?	O/X/△
8	시간을 나타내는 전치사를 구분하여 쓸 수 있는가?	O/X/△
9	다양한 부정대명사를 알맞게 쓸 수 있는가?	O/X/△
10	빈도부사의 위치를 파악하고 있는가?	O/X/△
11	목적어로 to부정사와 동명사를 취하는 동사를 구분할 수 있는가?	O/X/△
12	비교급 강조 표현을 파악하고 있는가?	O/X/△
13	to부정사의 부사적 용법의 의미를 구분할 수 있는가?	O/X/△
14	다양한 조동사의 의미를 파악하고 있는가?	O/X/△
15	4형식 문장과 3형식 문장을 구분할 수 있는가?	O/X/△
16	「감각동사+like+명사」 구문과 동명사의 관용 표현을 알맞게 쓸 수 있는가?	O/X/△
17	be동사의 부정문을 알맞은 형태로 쓸 수 있는가?	O/X/△
18	to부정사의 부정형을 알맞은 형태로 쓸 수 있는가?	O/X/△
19	의문사 which와 함께 쓰이는 접속사를 파악하고 있는가?	O/X/△
20	How 감탄문을 알맞게 쓸 수 있는가?	O/X/△

01

다음 중 빈칸에 알맞은 것을 고르시오.

> I have one sister. _____ name is Diana.

① Diana
② She
③ Hers
④ Her
⑤ She's

02

다음 중 어법상 옳은 것의 개수를 구하시오.

> a. They wasn't kind and friendly.
> b. There is an orange in the box.
> c. There is some mice in the basement.
> d. I amn't good at playing soccer.

① 0개   ② 1개   ③ 2개   ④ 3개   ⑤ 4개

03

다음 중 밑줄 친 부분이 어법상 틀린 것을 고르시오.

① Charlie slept well last night.
② My father sold his old car.
③ Lisa talked about her family.
④ She watched a horror movie.
⑤ Alice catched a big fish.

04

다음 우리말을 영어로 바르게 옮기지 않은 것을 고르시오.

① 정직해라.
  → Be honest.
② 지금 밖에 나가지 말자.
  → Let's not go out now.
③ 이 약을 먹어라.
  → Take this medicine.
④ 너희 부모님께 예의 없이 굴지 마라.
  → Don't rude to your parents.
⑤ 내일 소풍을 가자.
  → Let's go on a picnic tomorrow.

05

다음 중 형용사-부사가 잘못 짝지어진 것을 고르시오.

① usual – usually
② loud – loudly
③ special – specially
④ friend – friendly
⑤ lucky – luckily

06

다음 중 대화에 어법상 틀린 부분이 있는 것을 고르시오.

① A: How old are you?
   B: I'm fourteen years old.
② A: How often do you cook?
   B: I never cook.
③ A: How many cookies did you eat?
   B: I ate five.
④ A: How longer will you stay in Japan?
   B: For three days.
⑤ A: How far is it from your house to the post
     office?
   B: It's only 300 meters.

07

다음 빈칸에 들어갈 말이 나머지와 다른 것을 고르시오.

① I was born _____ 1999.
② We have no class _____ Sundays.
③ There are some flowers _____ the vase.
④ Mr. Song is a famous singer _____ Korea.
⑤ Leaves become red _____ autumn.

08

다음 중 보기의 밑줄 친 부분과 쓰임이 같은 것을 고르시오.

보기 Are you going to the band's concert?

① It is going to rain later.
② She is going to the hospital.
③ Jenny is going to visit her uncle.
④ Minsoo is going to move to Jeonju.
⑤ Dad is going to cook dinner for us.

09

다음 중 어법상 틀린 것을 고르시오.

① Her sister is much taller than her.
② Your room is not as bigger as mine.
③ Hugh is more handsome than David.
④ This is the hottest place in the world.
⑤ The final exam was easier than the midterm exam.

11

다음 중 빈칸에 들어갈 수 없는 것을 고르시오.

Tom looks _____ with his new glasses on.

① good
② strange
③ smart
④ nice
⑤ differently

10

다음 중 어법상 옳은 것끼리 바르게 짝지어진 것을 고르시오.

a. Tom wanted me carry his bag.
b. Eric showed his poem to me.
c. Tina told to me her secret.
d. I allowed him to use my laptop.

① a, b
② a, c
③ a, d
④ b, c
⑤ b, d

12

다음 중 밑줄 친 부분의 쓰임이 나머지와 다른 것을 고르시오.

① Let's go out tonight if you are free.
② The store will be closed if we don't hurry.
③ I'm not sure if he believes me or not.
④ If you need help, please let me know.
⑤ If it snows tomorrow, we'll make a snowman.

13

다음 빈칸에 들어갈 말이 바르게 짝지어진 것을 고르시오.

A: My sister gave me this purse. She got a new
_____.

B: _____ looks cool. I envy you.

① ones – One
② one – Ones
③ one – It
④ it – One
⑤ ones – They

14

다음 중 밑줄 친 부분이 어법상 **틀린** 것을 고르시오.

① He is thinking about <u>quitting</u> his job.
② Actually, I planned <u>to leave</u> tonight.
③ They promised <u>not to be</u> late again.
④ She practiced <u>making</u> apple pies.
⑤ I felt sorry for <u>attending not</u> the meeting.

15

다음 우리말과 일치하도록 빈칸에 알맞은 것을 고르시오.

나는 지금 나가고 싶지 않다.
→ I don't _____ out now.

① feeling go
② feeling going
③ feel going like
④ feel like to go
⑤ feel like going

16

다음 빈칸에 공통으로 들어갈 말을 쓰시오.

A: _____ is very cold today. Can you turn
on the heater?
B: Sorry. _____ doesn't work now.

 _____

17

다음 우리말과 일치하도록 주어진 단어를 활용하여 문장을 완성하시오.

Jake는 Sandy보다 더 무겁다. (heavy)
→ Jake is _____ than Sandy.

정답 _____

18

다음 두 문장이 같은 뜻이 되도록 빈칸에 들어갈 알맞은 접속사를 보기 에서 골라 쓰시오.

보기 Before   After   While   Because

Fred played computer games. Then he did his homework.
= _____ Fred played computer games, he did his homework.

정답 _____

19

다음 우리말과 일치하도록 밑줄 친 부분을 바르게 고쳐 쓰시오.

Betty는 그녀 자신의 사진을 찍었다.
→ Betty took a picture of her.

정답 _____

20

다음 우리말과 일치하도록 주어진 단어를 바르게 배열하시오.

너는 중요한 말할 거리가 있니?
(important, to say, have, anything)

정답 Do you _____
_____?

NELT
문항별 출제 포인트 *point*

	문법 실전 모의고사 **4**회	O/X/△
1	인칭대명사를 알맞은 격의 형태로 쓸 수 있는가?	O/X/△
2	be동사의 부정문과 「There+be동사」 구문을 알맞게 쓸 수 있는가?	O/X/△
3	일반동사의 과거형을 알맞은 형태로 쓸 수 있는가?	O/X/△
4	명령문과 제안문의 알맞은 형태를 알고 있는가?	O/X/△
5	형용사와 부사의 알맞은 형태를 알고 있는가?	O/X/△
6	「how+형용사[부사]」의 의미와 쓰임을 파악하고 있는가?	O/X/△
7	시간과 장소를 나타내는 전치사를 알맞게 쓸 수 있는가?	O/X/△
8	현재진행형과 미래시제를 나타내는 be going to의 쓰임을 구분할 수 있는가?	O/X/△
9	원급, 비교급, 최상급을 이용한 비교 표현을 파악하고 있는가?	O/X/△
10	5형식 문장에서 쓰이는 동사를 알고 4형식 문장을 3형식으로 바르게 전환할 수 있는가?	O/X/△
11	2형식 문장의 보어의 형태를 파악하고 있는가?	O/X/△
12	접속사 if의 쓰임을 구분할 수 있는가?	O/X/△
13	부정대명사 one과 인칭대명사 it의 쓰임을 알고 있는가?	O/X/△
14	동명사와 to부정사의 쓰임과 부정형의 형태를 알고 있는가?	O/X/△
15	동명사의 관용 표현을 알맞게 쓸 수 있는가?	O/X/△
16	비인칭주어 it과 인칭대명사 it의 쓰임을 알고 있는가?	O/X/△
17	비교급을 알맞은 형태로 쓸 수 있는가?	O/X/△
18	시간을 나타내는 종속접속사를 알맞게 쓸 수 있는가?	O/X/△
19	재귀대명사의 의미를 알고 알맞게 쓸 수 있는가?	O/X/△
20	to부정사의 형용사적 용법을 알맞게 쓸 수 있는가?	O/X/△

01

다음 빈칸에 들어갈 말이 나머지와 다른 것을 고르시오.

① This road _____ narrow before.
② You _____ very short five years ago.
③ I _____ at the shopping mall last night.
④ _____ she late for class last week?
⑤ Noah _____ with his girlfriend yesterday.

02

다음 중 보기의 밑줄 친 부분과 쓰임이 같은 것을 고르시오.

보기 I can see <u>that</u>!

① I remember <u>that</u> picture.
② Is <u>that</u> your brother?
③ <u>That</u> bus goes to my home.
④ Please give <u>that</u> pen to me.
⑤ I don't want <u>that</u> blue blouse.

03

다음 빈칸에 들어갈 말이 바르게 짝지어진 것을 고르시오.

• That was an _____ question.
• You can solve that question _____.

① easy – easy
② easy – easily
③ ease – easier
④ easily – easy
⑤ easily – easily

04

다음 중 밑줄 친 부분이 어법상 틀린 것을 고르시오.

① There are <u>three piece of</u> cake on the table.
② She brought <u>a bottle of</u> wine.
③ Ted bought <u>a pair of</u> pants and a shirt last week.
④ I ate <u>two bowls of</u> soup.
⑤ He needs <u>two slices of</u> cheese.

05

다음 중 어법상 틀린 것을 고르시오.

① Where is he from?

② How was your birthday party?

③ Who is know the answer?

④ When does the concert start?

⑤ What do you think about this painting?

06

다음 우리말을 영어로 바르게 옮긴 것을 고르시오.

Jade는 우리 반에서 가장 인기 있는 학생 중 한 명이다.

① Jade is one of the popular student in my class.

② Jade is one of the most popular students in my class.

③ Jade is one of the most popular student in my class.

④ Jade is one of most popular student in my class.

⑤ Jade is one of most popular students in my class.

07

다음 각 네모 안에서 어법상 알맞은 것끼리 짝지어진 것을 고르시오.

- I didn't have many / much time, so I skipped lunch.
- There are a few / a little students in the classroom.
- He had few / little luck, so he didn't get the job.

① many – a few – few

② many – a little – little

③ much – a few – little

④ much – a few – few

⑤ much – a little – few

08

다음 중 빈칸에 알맞은 것을 고르시오.

Water _____ at 0°C.

① freeze

② freezes

③ froze

④ freezing

⑤ will freezes

09

다음 4형식 문장을 3형식 문장으로 바르게 옮기지 <u>않은</u> 것을 고르시오.

① James sent me an email.

　→ James sent an email to me.

② Eunbi made me some cookies.

　→ Eunbi made some cookies for me.

③ Amy showed us her new wallet.

　→ Amy showed her new wallet for us.

④ My grandparents gave me a present.

　→ My grandparents gave a present to me.

⑤ Mom bought me a nice skirt.

　→ Mom bought a nice skirt for me.

10

다음 빈칸에 공통으로 들어갈 말을 고르시오.

• Please put these spoons _____ the table.
• What are you doing _____ your birthday?

① in
② for
③ on
④ at
⑤ to

11

다음 중 보기의 밑줄 친 부분과 쓰임이 같은 것을 고르시오.

보기 I hope <u>to study</u> law at this university.

① I came here <u>to see</u> my son.
② We decided <u>to go</u> camping.
③ They were sad <u>to hear</u> the news.
④ Amy went to the hair salon <u>to get</u> a haircut.
⑤ Jihoon grew up <u>to be</u> a famous singer.

12

다음 중 어법상 옳은 것끼리 바르게 짝지어진 것을 고르시오.

a. Can he goes camping with us?
b. Eric has to not go to work today.
c. What should I eat for lunch?
d. You should not worried about small things.
e. You must not lie to your parents.

① a, b
② b, d
③ b, e
④ c, d
⑤ c, e

13

다음 중 밑줄 친 부분의 쓰임이 나머지와 <u>다른</u> 것을 고르시오.

① I love <u>cooking</u> pasta.
② How about <u>going</u> camping this weekend?
③ He finally finished <u>cleaning</u> the house.
④ One of my bad habits is <u>eating</u> meals too fast.
⑤ The kids are <u>playing</u> online games now.

14

다음 중 어법상 옳은 것의 개수를 구하시오.

> a. You need money, is you?
> b. Open the window, will you?
> c. Norah is a great singer, isn't she?
> d. Jimmy is taller than you, aren't you?
> e. The children are playing in the playground, aren't they?

① 1개　　② 2개　　③ 3개　　④ 4개　　⑤ 5개

15

다음 중 문장의 형식이 나머지와 <u>다른</u> 것을 고르시오.

① I will expect to hear from you soon.
② They asked me to bring some food.
③ I told him to lock the door.
④ They didn't allow me to take pictures.
⑤ She wants me to buy a scarf.

16

다음 우리말과 일치하도록 주어진 단어를 활용하여 빈칸에 알맞은 말을 쓰시오. (3단어로 쓸 것)

> 산 속에 호랑이가 많았었다. (used, be)
> → There _____ a lot of tigers in the mountains.

정답 _____

17

다음 우리말과 일치하도록 빈칸에 알맞은 말을 쓰시오.

> 서둘러, 그렇지 않으면 학교에 늦게 될 거야.
> → Hurry up, _____ you will be late for
>   school.

정답 _____

18

다음 중 잘못된 부분을 찾아 바르게 고쳐 쓰시오.

> A: Hey! Stop running in the library.
> B: Oh, I'm sorry for bother you. I won't do it
>   again.

정답 _____ ➔ _____

19

다음 우리말과 일치하도록 주어진 단어를 바르게 배열하시오.

> 우리는 차에서 항상 안전벨트를 해야 한다.
> (should, a seat belt, always, wear)

정답 We _____
_____ in the car.

20

다음 주어진 문장을 의문문으로 바꿔 쓰시오.

> The girls were dancing on stage.

정답 _____

NELT
문항별 출제 포인트 *point*

	문법 실전 모의고사 5회	O/X/△
1	be동사의 과거형을 알맞게 쓸 수 있는가?	O/X/△
2	지시대명사 that과 지시형용사 that을 구분할 수 있는가?	O/X/△
3	형용사와 부사의 쓰임을 구분할 수 있는가?	O/X/△
4	명사의 수량을 알맞게 표현할 수 있는가?	O/X/△
5	의문사가 있는 의문문을 알맞은 형태로 쓸 수 있는가?	O/X/△
6	최상급을 이용한 표현을 알맞은 형태로 쓸 수 있는가?	O/X/△
7	다양한 수량형용사의 쓰임을 파악하고 있는가?	O/X/△
8	문장의 시제를 파악하고 알맞은 형태로 쓸 수 있는가?	O/X/△
9	4형식 문장을 3형식으로 바르게 전환할 수 있는가?	O/X/△
10	장소와 시간의 전치사를 알맞게 쓸 수 있는가?	O/X/△
11	to부정사의 명사적 용법을 파악하고 있는가?	O/X/△
12	조동사의 부정문과 의문문을 알맞게 쓸 수 있는가?	O/X/△
13	동명사와 현재진행형을 구분할 수 있는가?	O/X/△
14	부가의문문을 알맞게 쓸 수 있는가?	O/X/△
15	목적격보어가 to부정사인 5형식 문장을 파악하고 있는가?	O/X/△
16	조동사 used to의 의미를 알고 알맞은 형태로 쓸 수 있는가?	O/X/△
17	「명령문+and/or」 구문을 구분하여 쓸 수 있는가?	O/X/△
18	동명사의 목적어로서의 역할과 쓰임을 파악하고 있는가?	O/X/△
19	빈도부사의 위치를 파악하고 있는가?	O/X/△
20	과거진행형의 의문문을 알맞은 형태로 쓸 수 있는가?	O/X/△

01

다음 중 밑줄 친 부분이 어법상 **틀린** 것을 고르시오.

① We <u>can go</u> shopping this afternoon.
② You <u>shouldn't tell</u> a lie.
③ They <u>were able to see</u> the sunrise yesterday.
④ My mother <u>have to go</u> to the dentist.
⑤ Ethan <u>may join</u> our soccer club.

02

다음 문장을 현재진행형으로 **잘못** 고친 것을 고르시오.

① They sell flowers.
   → They are selling flowers.
② Lewis talks on the phone.
   → Lewis is talking on the phone.
③ The cat sleeps on the sofa.
   → The cat is sleeping on the sofa.
④ I make some pancakes.
   → I am making some pancakes.
⑤ Jessica runs in the park.
   → Jessica is runing in the park.

03

다음 빈칸에 공통으로 들어갈 말을 고르시오.

- I want to go to _____ moon in the future.
- He played _____ guitar on the street.

① a
② an
③ the
④ than
⑤ that

04

다음 중 밑줄 친 it[It]의 쓰임이 나머지와 **다른** 것을 고르시오.

① Is <u>it</u> your book?
② <u>It</u>'s my new computer.
③ Where did you find <u>it</u>?
④ Go to bed. <u>It</u>'s almost midnight.
⑤ Look at that cat! <u>It</u> has yellow eyes.

05

다음 중 원급-비교급-최상급의 형태가 바르게 짝지어지지 <u>않은</u> 것을 고르시오.

① safe – safer – safest
② hot – hotter – hottest
③ dirty – dirtier – dirtiest
④ useful – usefuler – usefulest
⑤ famous – more famous – most famous

06

다음 빈칸에 들어갈 말이 바르게 짝지어진 것을 고르시오.

A: Do you have _____ good ideas for our team project?
B: Yes, I have _____.

① it – some
② any – it
③ some – it
④ any – some
⑤ some – any

07

다음 중 보기의 밑줄 친 부분과 쓰임이 같은 것을 고르시오.

보기 I have a problem <u>to solve</u>.

① I need something <u>to drink</u>.
② You have to work out <u>to be</u> healthy.
③ I'm scared <u>to take</u> the exam.
④ The girl grew up <u>to be</u> a famous author.
⑤ I want to go to Paris <u>to see</u> the Eiffel Tower.

08

다음 중 어법상 <u>틀린</u> 것을 고르시오.

① He is interested in baking bread.
② The movie is about traveling in space.
③ I'm sorry for not telling the truth.
④ Walking is good for your health.
⑤ My bad habit is waking not up early.

09

다음 빈칸에 들어갈 말이 나머지와 <u>다른</u> 것을 고르시오.

① You are Jake's cousin, _____ you?

② They are in the same class, _____ they?

③ James and Jessica are dating, _____ they?

④ They went back to China, _____ they?

⑤ You and Carlos are from Spain, _____ you?

10

다음 빈칸에 알맞은 의문사를 고르시오.

| A: _____ did you go to the concert with? |
| B: I went there with Isabella. |

① How long   ② Where

③ When   ④ Who

⑤ Why

11

다음 중 밑줄 친 부분이 어법상 <u>틀린</u> 것을 고르시오.

① John can run <u>fast</u>.

② Swimming in this lake is <u>highly</u> dangerous.

③ The nurse came <u>lately</u> today.

④ I studied <u>hard</u> for the test.

⑤ He went to bed <u>early</u> last night.

12

다음 중 어법상 옳은 것끼리 바르게 짝지어진 것을 고르시오.

| a. I taught my sister Korean history. |
| b. Will you show your new shoes me? |
| c. They sent to me some flowers. |
| d. Jisu wrote a card to her grandpa. |

① a, b

② a, c

③ a, d

④ b, c

⑤ b, d

13

다음 중 빈칸에 들어갈 수 <u>없는</u> 것을 고르시오.

> Bella _____ writing the novel.

① gave up
② finished
③ loved
④ enjoyed
⑤ learned

14

다음 중 밑줄 친 부분의 우리말 의미가 알맞지 <u>않은</u> 것을 고르시오.

① A pretty girl is standing <u>next to</u> William.
> = William 옆에

② Children are sitting <u>under the tree</u>.
> = 나무 근처에

③ The coffee shop is <u>in the park</u>.
> = 공원 안에

④ I'm waiting for you <u>in front of the bookstore</u>.
> = 서점 앞에서

⑤ The gift shop is <u>behind the theater</u>.
> = 극장 뒤에

15

다음 각 네모 안에서 어법상 알맞은 것끼리 짝지어진 것을 고르시오.

> • You look [sad / sadly] today.
> • Dad made a nice chair [to / for] me.
> • I asked my brother [bring / to bring] a blanket.

① sad – to – bring
② sadly – to – to bring
③ sad – for – bring
④ sadly – for – to bring
⑤ sad – for – to bring

16

다음 우리말과 일치하도록 보기 에서 알맞은 말을 골라 쓰시오.

> 보기 a piece of   a bottle of   a pair of   a cup of

> 빵 한 조각

정답 _____ bread

17

다음 빈칸에 공통으로 들어갈 알맞은 접속사를 쓰시오. (1단어로 쓸 것)

- Buy two books, _____ you will get a free gift.
- I need some flour, eggs, _____ butter to make bread.

정답 _____

18

다음 주어진 문장의 밑줄 친 부분을 바르게 고쳐 쓰시오.

This silk blouse feels so <u>softly</u>.

정답 _____

19

다음 주어진 문장과 같은 뜻이 되도록 빈칸에 알맞은 말을 쓰시오. (3단어로 쓸 것)

She can read and write Japanese.
= She _____ read and write Japanese.

정답 _____

20

다음 우리말과 일치하도록 주어진 단어를 활용하여 문장을 완성하시오. (4단어로 쓸 것)

엄마는 내가 외출하는 것을 허락하지 않으셨다. (allow, go)
→ Mom didn't _____ out.

정답

문법 실전 모의고사 6회		O / X / △
1	조동사를 포함한 문장을 알맞은 형태로 쓸 수 있는가?	O / X / △
2	현재진행형을 알맞은 형태로 쓸 수 있는가?	O / X / △
3	정관사 the의 쓰임을 이해하고 있는가?	O / X / △
4	비인칭주어 it의 쓰임을 이해하고 있는가?	O / X / △
5	비교급과 최상급을 알맞은 형태로 쓸 수 있는가?	O / X / △
6	부정대명사 some과 any의 쓰임을 구분할 수 있는가?	O / X / △
7	to부정사의 형용사적 용법을 파악하고 있는가?	O / X / △
8	동명사의 역할과 쓰임을 파악하고 있는가?	O / X / △
9	부가의문문을 알맞게 쓸 수 있는가?	O / X / △
10	다양한 의문사의 의미와 쓰임을 이해하고 있는가?	O / X / △
11	부사의 형태와 의미를 구분할 수 있는가?	O / X / △
12	4형식 문장의 형태를 알고 3형식으로 바르게 전환할 수 있는가?	O / X / △
13	동명사를 목적어로 취하는 동사를 파악하고 있는가?	O / X / △
14	장소의 전치사의 의미를 파악하고 있는가?	O / X / △
15	다양한 문장의 형식을 파악하고 있는가?	O / X / △
16	셀 수 없는 명사의 수량을 알맞게 표현할 수 있는가?	O / X / △
17	「명령문+and」 구문과 등위접속사 and를 알맞게 쓸 수 있는가?	O / X / △
18	2형식 문장에서 보어를 알맞은 형태로 쓸 수 있는가?	O / X / △
19	조동사 can과 바꿔 쓸 수 있는 표현을 파악하고 있는가?	O / X / △
20	목적격보어가 to부정사인 5형식 문장을 바르게 쓸 수 있는가?	O / X / △

NELT

Neungyule English Level Test

문법 복습 모의고사

01

다음 중 빈칸에 들어갈 수 <u>없는</u> 것을 고르시오.

> Are there many _____ in the room?

① children
② woman
③ tables
④ books
⑤ people

02

다음 중 밑줄 친 부분이 어법상 **틀린** 것을 고르시오.

① Charlie <u>slept</u> well last night.
② My father <u>sold</u> his old car.
③ Lisa <u>talked</u> about her family.
④ She <u>watched</u> a horror movie.
⑤ Alice <u>catched</u> a big fish.

03

다음 중 밑줄 친 **it[It]**의 쓰임이 나머지와 <u>다른</u> 것을 고르시오.

① Is <u>it</u> your book?
② <u>It</u>'s my new computer.
③ Where did you find <u>it</u>?
④ Go to bed. <u>It</u>'s almost midnight.
⑤ Look at that cat! <u>It</u> has yellow eyes!

04

다음 빈칸에 공통으로 들어갈 말로 알맞은 것을 고르시오.

> • I hope to go to _____ moon in the future.
> • He played _____ guitar on the street.

① a   ② an   ③ the   ④ than   ⑤ that

05

다음 중 문장의 해석으로 옳지 <u>않은</u> 것을 고르시오.

① I am not going to leave.
→ 나는 떠나지 않을 것이다.

② She can play the piano well.
→ 그녀는 피아노를 잘 연주할 수 있다.

③ I had to drink a cup of coffee.
→ 나는 커피 한 잔을 마셔야 했다.

④ I won't be able to visit you tomorrow.
→ 나는 내일 당신을 방문하지 못할 거예요.

⑤ He should bring an umbrella.
→ 그는 우산을 가지고 간 것이 틀림없다.

06

다음 중 밑줄 친 부분이 어법상 <u>틀린</u> 것을 고르시오.

① John can run <u>fast</u>.
② Swimming in this lake is <u>highly</u> dangerous.
③ The nurse came <u>lately</u> today.
④ I studied <u>hard</u> for the test.
⑤ He went to bed <u>early</u> last night.

07

다음 중 보기의 밑줄 친 부분과 쓰임이 같은 것을 고르시오.

> 보기 I have a problem <u>to solve</u>.

① I need something <u>to drink</u>.
② You have to work out <u>to be</u> healthy.
③ I'm scared <u>to take</u> the exam.
④ The girl grew up <u>to be</u> a famous author.
⑤ I want to go to Paris <u>to see</u> the Eiffel Tower.

08

다음 빈칸에 들어갈 말로 바르게 짝지어진 것을 고르시오.

> • She was mad at me _____ I ate her cake.
> • I want to meet you _____ you have time

① if – when
② when – that
③ because – if
④ that – after
⑤ while – from

09

다음 각 네모 안에서 어법상 알맞은 것끼리 짝지어진 것을 고르시오.

- I didn't have many / much time, so I skipped lunch.
- There are a few / a little students in the classroom.
- He had few / little luck, so he didn't get the job.

① many – a few – few
② many – a little – little
③ much – a few – little
④ much – a few – few
⑤ much – a little – few

10

다음 중 어법상 틀린 것을 고르시오.

① Her sister is much taller than her.
② Your room is not as bigger as mine.
③ Hugh is more handsome than David.
④ This is the hottest place in the world.
⑤ The final exam was easier than the midterm exam.

11

다음 빈칸에 알맞은 의문사를 고르시오.

A: _____ did you go to the concert with?
B: I went there with Isabella.

① How long   ② Where
③ When   ④ Who
⑤ Why

12

다음 중 밑줄 친 부분의 쓰임이 나머지와 다른 것을 고르시오.

① Let's go out tonight if you are free.
② The store will be closed if we don't hurry.
③ I'm not sure if he believes me or not.
④ If you need help, please let me know.
⑤ If it snows tomorrow, we'll make a snowman.

13

다음 4형식 문장을 3형식 문장으로 바르게 옮기지 <u>않은</u> 것을 고르시오.

① James sent me an email.
  → James sent an email to me.
② Eunbi made me some cookies.
  → Eunbi made some cookies for me.
③ Amy showed us her new wallet.
  → Amy showed her new wallet for us.
④ My grandparents gave me a present.
  → My grandparents gave a present to me.
⑤ Mom bought me a nice skirt.
  → Mom bought a nice skirt for me.

14

다음 빈칸에 들어갈 말이 나머지와 <u>다른</u> 것을 고르시오.

① You are Jake's cousin, _____ you?
② They are in the same class, _____ they?
③ James and Jessica are dating, _____ they?
④ They went back to China, _____ they?
⑤ You and Carlos are from Spain, _____ you?

15

다음 중 어법상 옳은 것의 개수를 구하시오.

> a. Don't forget to wash your hands before eating.
> b. I hate clean my room.
> c. I avoid eating fast food.
> d. The team expects winning.
> e. She wants to be a fashion designer.
> f. Kate gave up to exercise every morning.

① 1개　② 2개　③ 3개　④ 4개　⑤ 5개

16

다음 우리말과 일치하도록 보기에서 알맞은 말을 골라 쓰시오.

보기 a piece of　a bottle of　a pair of　a cup of

빵 한 조각

정답 _____ bread

17

다음 주어진 문장의 밑줄 친 부분을 바르게 고쳐 쓰시오.

> This silk blouse feels so <u>softly</u>.

정답 _____

18

다음 우리말과 일치하도록 빈칸에 알맞은 말을 쓰시오.

> 서둘러, 그렇지 않으면 학교에 늦게 될 거야.
> → Hurry up, _____ you will be late for
>   school.

정답 _____

19

다음 주어진 문장의 밑줄 친 부분을 바르게 고쳐 쓰시오.

> A: How <u>many</u> do you see your girlfriend?
> B: I see her twice a week.

정답 _____

20

다음 우리말과 일치하도록 주어진 단어를 바르게 배열하여 문장을
완성하시오.

> 그의 새 책은 참 흥미롭구나!
> (is, new, how, his, book, interesting)

정답 _____

| 시험일 | 월 | 일 | 소요시간 | 분 | 채점 | /20개 |

01

다음 빈칸에 들어갈 말이 바르게 짝지어진 것을 고르시오.

> • The earth _____ around the sun.
> • Paul _____ Joe 10 years ago.

① go – met
② goes – met
③ went – met
④ went – meets
⑤ goes – meets

02

다음 빈칸에 들어갈 말이 나머지와 <u>다른</u> 것을 고르시오.

① This road _____ narrow before.
② You _____ very short five years ago.
③ I _____ at the shopping mall last night.
④ _____ she late for class last week?
⑤ Noah _____ with his girlfriend yesterday.

03

다음 중 어법상 <u>틀린</u> 것을 고르시오.

① Where is he from?
② How was your birthday party?
③ Who is know the answer?
④ When does the concert start?
⑤ What do you think about this painting?

04

다음 우리말을 영어로 바르게 옮기지 <u>않은</u> 것을 고르시오.

① 정직해라.
  → Be honest.
② 지금 밖에 나가지 말자.
  → Let's not go out now.
③ 이 약을 먹어라.
  → Take this medicine.
④ 너희 부모님께 예의 없이 굴지 마라.
  → Don't rude to your parents.
⑤ 내일 소풍을 가자.
  → Let's go on a picnic tomorrow.

05

다음 각 네모 안에서 어법상 알맞은 것끼리 짝지어진 것을 고르시오.

- Valentine's Day is in / on February.
- The TV show starts at / in noon every day.
- People give candy to children on / at Halloween.

① in – at – on
② in – in – on
③ in – at – at
④ on – at – at
⑤ on – in – at

06

다음 빈칸에 알맞은 것을 고르시오.

It is dangerous _____ in the sea.

① swim
② swam
③ swimming
④ to swim
⑤ to swimming

07

다음 중 밑줄 친 부분의 쓰임이 나머지와 <u>다른</u> 것을 고르시오.

① I love <u>cooking</u> pasta.
② How about <u>going</u> camping this weekend?
③ He finally finished <u>cleaning</u> the house.
④ One of my bad habits is <u>eating</u> meals too fast.
⑤ The kids are <u>playing</u> online games now.

08

다음 빈칸에 들어갈 말이 바르게 짝지어진 것을 고르시오.

A: My sister gave me this purse. She got a new _____.
B: _____ looks cool. I envy you.

① ones – One
② one – Ones
③ one – It
④ it – One
⑤ ones – They

09

다음 중 밑줄 친 부분의 위치가 틀린 것을 고르시오.

① She is <u>usually</u> wearing sunglasses.
② My brother eats <u>often</u> vegetables.
③ I <u>always</u> wear my blue cap.
④ She is <u>sometimes</u> late for work.
⑤ I will <u>never</u> make the same mistake again.

10

다음 중 보기의 밑줄 친 부분과 쓰임이 같은 것을 고르시오.

보기 We went to New York <u>to spend</u> Christmas together.

① I have some books <u>to read</u>.
② You need <u>to relax</u> for a while.
③ It is impossible <u>to get</u> there in time.
④ I have an interesting story <u>to tell</u> you.
⑤ He went to the market <u>to buy</u> some eggs.

11

다음 중 어법상 옳은 것끼리 바르게 짝지어진 것을 고르시오.

a. I can't find any boxes here.
b. Will you have some orange juice?
c. Do you have some plans tonight?
d. There aren't some people in the theater.

① a, b
② a, c
③ a, d
④ b, c
⑤ b, d

12

다음 중 어법상 틀린 것을 고르시오.

① They were playing the piano.
② She is cleaning the classroom now.
③ The new movie is coming soon.
④ I was reading a newspaper.
⑤ He was knowing the teacher's name.

13

다음 우리말을 영어로 바르게 옮긴 것을 고르시오.

> Jade는 우리 반에서 가장 인기 있는 학생 중 한 명이다.

① Jade is one of the popular student in my class.
② Jade is one of the most popular students in my class.
③ Jade is one of the most popular student in my class.
④ Jade is one of most popular student in my class.
⑤ Jade is one of most popular students in my class.

14

다음 중 밑줄 친 부분이 어법상 틀린 것을 고르시오.

① He is thinking about <u>quitting</u> his job.
② Actually, I planned <u>to leave</u> tonight.
③ They promised <u>not to be</u> late again.
④ She practiced <u>making</u> apple pies.
⑤ I felt sorry for <u>attending not</u> the meeting.

15

다음 중 어법상 옳은 것의 개수를 구하시오.

> a. Would you lend me some money?
> b. John offered two concert tickets for the couple.
> c. The onion soup smells nicely.
> d. I want you to come to school on time.
> e. Did he allow you use his car?

① 1개   ② 2개   ③ 3개   ④ 4개   ⑤ 5개

16

다음 우리말과 일치하도록 주어진 단어를 활용하여 빈칸에 알맞은 말을 쓰시오.

> Jake는 Sandy보다 더 무겁다. (heavy)
> → Jake is _____ than Sandy.

정답 _____

17

다음 우리말과 일치하도록 밑줄 친 부분을 바르게 고쳐 쓰시오.

> Betty는 그녀 자신의 사진을 찍었다.
> → Betty took a picture of <u>her</u>.

정답 _____

18

다음 빈칸에 공통으로 들어갈 말을 쓰시오.

> • You look _____ a movie star.
> • I don't feel _____ eating now. I'm not hungry.

정답 _____

19

다음 우리말과 일치하도록 주어진 단어를 바르게 배열하시오.

> 그녀는 오늘 일찍 일어날 필요가 없다.
> (early, wake up, have, doesn't, to)

정답 She _____

_____ today.

20

다음 주어진 문장을 의문문으로 바꿔 쓰시오.

> The girls were dancing on stage.

정답 _____

지은이

NELT 평가연구소

NELT 평가연구소는 초중고생의 정확한 영어 실력 평가를 위해
우리나라 교육과정 기반의 평가 시스템 설계, 테스트 문항 개발,
성적 분석 등을 담당하는 NE능률의 평가 연구 조직입니다.

NELT 문법 실전 모의고사 〈LEVEL 4〉

펴 낸 이	주민홍
펴 낸 곳	서울특별시 마포구 월드컵북로 396(상암동) 누리꿈스퀘어 비즈니스타워 10층
	㈜NE능률 (우편번호 03925)
펴 낸 날	2024년 1월 5일 초판 제1쇄 발행
전 화	02 2014 7114
팩 스	02 3142 0356
홈페이지	www.neungyule.com
등록번호	제1-68호
I S B N	979-11-253-4329-5
정 가	13,000원

NE 능률

고객센터

교재 내용 문의 : contact.nebooks.co.kr (별도의 가입 절차 없이 작성 가능)
제품 구매, 교환, 불량, 반품 문의 : 02-2014-7114
☎ 전화문의는 본사 업무시간 중에만 가능합니다.

NE능률 교재 MAP

아래 교재 MAP을 참고하여 본인의 현재 혹은 목표 수준에 따라 교재를 선택하세요.
NE능률 교재들과 함께 영어실력을 쑥쑥~ 올려보세요!
MP3 등 교재 부가 학습 서비스 및 자세한 교재 정보는 www.nebooks.co.kr 에서 확인하세요.

문법
구문

초1-2	초3	초3-4	초4-5	초5-6
	그래머버디 1	그래머버디 2	그래머버디 3	Grammar Bean 3
	초등영어 문법이 된다 Starter 1	초등영어 문법이 된다 Starter 2	Grammar Bean 1	Grammar Bean 4
		초등 Grammar Inside 1	Grammar Bean 2	초등영어 문법이 된다 2
		초등 Grammar Inside 2	초등영어 문법이 된다 1	초등 Grammar Inside 5
			초등 Grammar Inside 3	초등 Grammar Inside 6
			초등 Grammar Inside 4	NELT 문법 실전 모의고사 3
			NELT 문법 실전 모의고사 2	

초6-예비중	중1	중1-2	중2-3	중3
능률중학영어 예비중	능률중학영어 중1	능률중학영어 중2	Grammar Zone 기초편	능률중학영어 중3
Grammar Inside Starter	Grammar Zone 입문편	1316 Grammar 2	Grammar Zone 워크북 기초편	문제로 마스터하는 중학영문법 3
원리를 더한 영문법 STARTER	Grammar Zone 워크북 입문편	문제로 마스터하는 중학영문법 2	1316 Grammar 3	Grammar Inside 3
	1316 Grammar 1	Grammar Inside 2	원리를 더한 영문법 2	열중 16강 문법 3
	문제로 마스터하는 중학영문법 1	열중 16강 문법 2	중학영문법 총정리 모의고사 2	중학영문법 총정리 모의고사 3
	Grammar Inside 1	원리를 더한 영문법 1	쓰기로 마스터하는 중학서술형 2학년	쓰기로 마스터하는 중학서술형 3학년
	열중 16강 문법 1	중학영문법 총정리 모의고사 1	중학 천문장 3	NELT 문법 실전 모의고사 6
	쓰기로 마스터하는 중학서술형 1학년	중학 천문장 2	NELT 문법 실전 모의고사 5	
	중학 천문장 1	NELT 문법 실전 모의고사 4		

예비고-고1	고1	고1-2	고2-3	고3
문제로 마스터하는 고등영문법	Grammar Zone 기본편 1	필히 통하는 고등 영문법 실력편	Grammar Zone 종합편	
올클 수능 어법 start	Grammar Zone 워크북 기본편 1	필히 통하는 고등 서술형 실전편	Grammar Zone 워크북 종합편	
천문장 입문	Grammar Zone 기본편 2	TEPS BY STEP G+R Basic	올클 수능 어법 완성	
	Grammar Zone 워크북 기본편 2		천문장 완성	
	필히 통하는 고등 영문법 기본편			
	필히 통하는 고등 서술형 기본편			
	천문장 기본			
	NELT 문법 실전 모의고사 7			

수능 이상/ 토플 80·89· 텝스 600-699점	수능 이상/ 토플 90-99· 텝스 700-799점	수능 이상/ 토플 100· 텝스 800점 이상		
TEPS BY STEP G+R 1	TEPS BY STEP G+R 2	TEPS BY STEP G+R 3		

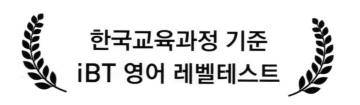

한국교육과정 기준
iBT 영어 레벨테스트

NE 능률

NELT

Neungyule English Level Test

문법 실전 모의고사

LEVEL 4

STUDY BOOK

NELT
Neungyule English Level Test
—
문법 실전 모의고사

LEVEL 4

STUDY BOOK

01 인칭대명사의 격

다음 중 어법상 옳은 것을 고르시오.

① I called she last night.
② Please visit our office at noon.
③ Dennis is mine husband.
④ He's name is Vincent van Gogh.
⑤ I have a cat. It's fur is white and long.

인칭대명사의 격

수	인칭	주격 (~는, ~가)	소유격 (~의)	목적격 (~을)	소유대명사 (~의 것)
단수	1인칭	I	my	me	mine
	2인칭	you	your	you	yours
	3인칭	he she it	his her its	him her it	his hers –
복수	1인칭	we	our	us	ours
	2인칭	you	your	you	yours
	3인칭	they	their	them	theirs

Chris is a doctor. **He** takes care of sick people. 〈주격〉
His house is on Main Street. **Its** roof is green. 〈소유격〉
Yumi is a kind girl. I like **her**. 〈목적격〉
My dad's cell phone is old. **Mine** is new. 〈소유대명사〉

핵심 '우리의'의 의미를 나타내는 소유격은 **our**이다.

02 조동사

다음 중 밑줄 친 부분과 바꿔 쓸 수 없는 것을 고르시오.

① You <u>can</u> use my pencil.
　　　→ may
② He <u>has to</u> wear a seat belt.
　　　→ must
③ You <u>must not</u> chew gum in class.
　　　→ don't have to
④ The baby <u>can</u> walk soon.
　　　　→ be able to
⑤ We <u>are going to</u> travel to Europe next year.
　　　　→ will

조동사

can	~할 수 있다 〈능력·가능〉 ~해도 좋다 〈허가〉
may	~해도 좋다 〈허가〉 ~일지도 모른다 〈약한 추측〉
must	~해야 한다 〈의무〉 ~임에 틀림없다 〈강한 추측〉
should	~해야 한다 〈가벼운 의무〉 ~하는 것이 좋다 〈권유·충고〉
will	~할 것이다 〈미래의 일〉 ~하겠다 〈주어의 의지〉
be going to	~할 것이다 〈미래의 일〉 ~할 예정이다 〈미래의 계획〉
have to	~해야 한다 〈의무〉

can이 능력·가능을 나타낼 때는 be able to로 바꿔 쓸 수 있으며, 부정형인 cannot[can't]은 「be동사+not able to」로 바꿔 쓸 수 있다.
have to의 부정형인 don't have to는 불필요를 나타낸다

핵심 **must not**은 '~해서는 안 된다'의 의미이고 **don't have to**는 '~할 필요가 없다'의 의미이다.

03 부정대명사 one / 인칭대명사 it

다음 빈칸에 들어갈 말이 바르게 짝지어진 것을 고르시오.

> A: Mom, this cup on the table is dirty.
> B: Just put _____ in the sink and find a
>   clean _____ in the kitchen.

① one – one
② one – it
③ it – any
④ it – one
⑤ some – one

04 일반동사의 과거형

다음 중 어법상 <u>틀린</u> 것을 고르시오.

① I cutted my finger yesterday.
② She bought a skirt last weekend.
③ We sang Christmas carols together.
④ He carried a box for his sister.
⑤ She put the book on your desk yesterday.

부정대명사 one

앞에 나온 명사와 같은 종류의 불특정한 사물을 가리킬 때 사용된다. 복수명사를 대신하는 경우에는 ones를 쓴다.

I need a blue pen. Can you lend **one** to me?
                                         = a blue pen

She has pretty earrings. I want the same **ones**.
                                         = earrings

인칭대명사 it

'그것'의 의미로 앞에 나온 특정한 사물을 가리킬 때 사용한다.

This coat is too small. I can't wear **it**.
                                         = this coat

핵심 앞에 나온 명사와 같은 종류의 불특정한 사물을 가리킬 때는 one, 특정한 사물을 가리킬 때는 it을 사용한다.

일반동사의 과거형

규칙 변화

대부분의 동사	동사원형+-ed	watch**ed**, want**ed**, talk**ed**
자음+e로 끝나는 동사	동사원형+-d	mov**ed**, clos**ed**, chang**ed**
자음+y로 끝나는 동사	y를 i로 바꾸고 +-ed	carry → carr**ied** dry → dr**ied**
단모음+단자음으로 끝나는 동사	자음을 한 번 더 쓰고+-ed	stop → stop**ped** plan → plan**ned**

불규칙 변화

현재형 = 과거형	put → **put** hit → **hit**	cut → **cut** read → **read**
현재형 ≠ 과거형	go → **went** sell → **sold** eat → **ate** make → **made**	sleep → **slept** catch → **caught** have → **had** buy → **bought**

핵심 cut의 과거형은 cut이다.

05 진행형으로 쓰지 않는 동사

다음 중 빈칸에 들어갈 수 <u>없는</u> 것을 고르시오.

> She is _____ pancakes.

① eating
② buying
③ making
④ cooking
⑤ wanting

진행형으로 쓰지 않는 동사

know, want, like, love, have(가지다) 등 생각·감정·소유를 나타내는 동사는 진행형으로 쓸 수 없다. 단, have가 '먹다'의 뜻인 경우는 가능하다.

I **am having** breakfast now. (O)
I am having a parrot. (X)
I am wanting some drinks. (X)

핵심 동사 want는 진행형으로 쓰지 않는다.

06 등위접속사

다음 빈칸에 들어갈 말이 나머지와 <u>다른</u> 것을 고르시오.

① I was sick, _____ I came home early.
② Amy is not pretty, _____ she is cute.
③ My father likes fishing, _____ I don't.
④ He woke up late, _____ he wasn't late for work.
⑤ She wanted some dessert, _____ she didn't have enough money.

등위접속사

등위접속사는 문법적으로 대등한 단어와 단어, 구와 구, 절과 절을 연결하는 말이다.

and	그리고	
but	그러나	단어와 단어, 구와 구, 절과 절 연결
or	또는	
so	그래서	절과 절 연결

I like *fish* **and** *meat*. 〈단어와 단어 연결〉
James is *small* **but** *strong*. 〈단어와 단어 연결〉
Which do you prefer, *reading books* **or** *watching movies*? 〈구와 구 연결〉
I was hungry, **so** *I bought a sandwich.* 〈절과 절 연결〉

핵심 '그래서'의 의미로 원인과 결과를 연결하는 등위접속사는 so이다.

07 비교 표현

다음 중 밑줄 친 부분이 어법상 틀린 것을 고르시오.

① She went to bed <u>early than</u> usual.
② This novel is <u>as interesting as</u> that one.
③ Seoul is <u>one of the biggest cities</u> in the world.
④ This chair is <u>much more comfortable</u> than that one.
⑤ Who is <u>the tallest student</u> in your school?

비교 표현

원급 비교

「as+원급+as」: ~만큼 …한[하게]
I am **as tall as** my sister.

비교급 비교

「비교급+than」: ~보다 더 …한[하게]
She runs **faster than** me.

최상급 비교

「the+최상급」: 가장 ~한
「one of the+최상급+복수명사」: 가장 ~한 … 중의 하나
Mount Everest is **the highest** mountain in the world.
This is **one of the oldest buildings** in the world.

비교급 강조

비교급 앞에 much, still, a lot, far, even 등의 부사를 써서 '훨씬 더 ~한[하게]'의 의미를 나타내어 비교급을 강조한다.
Your desk is **much** *wider* than mine.

핵심 '~보다 …한[하게]'의 의미는 「비교급+than」의 형태로 나타낸다.

---

08 시간과 장소를 나타내는 전치사

다음 우리말을 영어로 바르게 옮긴 것을 고르시오.

① 테이블 앞에 상자가 있다.
　→ There is a box behind the table.
② 나는 정오 전에 점심을 먹는다.
　→ I eat lunch after noon.
③ 그는 극장 맞은편에 서 있다.
　→ He is standing next to the theater.
④ 그 어린이들은 나무 근처에 앉았다.
　→ The kids sat under the tree.
⑤ 나는 다음 주까지 여기에 머무를 예정이다.
　→ I'm going to stay here until next week.

시간을 나타내는 전치사

after: ~ 후에	before: ~ 전에
until: ~ 까지	for: ~ 동안

장소를 나타내는 전치사

in: ~ (안)에	at: ~에
on: ~ (위)에	over: ~ 위쪽에
under: ~ 아래에	behind: ~ 뒤에
near: ~ 근처에	in front of: ~ 앞에
next to: ~ 옆에	across from: ~ 맞은편에

핵심 until(~ 까지)은 계속되어 온 동작이나 상태의 계속을 나타낸다.

09 to부정사의 부사적 용법

다음 중 [보기]의 밑줄 친 부분과 쓰임이 같은 것을 고르시오.

[보기] Amy was happy to return to her hometown.

① The boy grew up to be a great artist.
② John washed the dishes to help his mom.
③ I was surprised to hear the strange sound.
④ She was wise to tell the truth.
⑤ Kelly went to the store to buy a sweater.

to부정사의 부사적 용법

to부정사의 부사적 용법은 to부정사가 부사처럼 동사, 형용사를 수식하며 목적, 결과, 감정의 원인, 판단의 근거 등을 나타낸다.

I came **to see** you. 〈목적〉
My grandma lived **to be** 100 years old. 〈결과〉
She was glad **to meet** her sister. 〈감정의 원인〉
He was foolish **to trust** the salesman. 〈판단의 근거〉

[핵심] 주어진 문장의 to부정사는 감정의 원인을 나타낸다.

10 부정대명사 some, any

다음 중 어법상 옳은 것끼리 바르게 짝지어진 것을 고르시오.

a. I can't find any boxes here.
b. Will you have some orange juice?
c. Do you have some plans tonight?
d. There aren't some people in the theater.

① a, b
② a, c
③ a, d
④ b, c
⑤ b, d

부정대명사 some, any

some과 any는 '약간(의), 얼마간(의), 어떤'이라는 뜻으로 대명사나 형용사로 사용될 수 있다.
some은 대개 긍정문, 다른 사람에게 무엇을 권유하는 의문문에서 사용되며, any는 주로 부정문과 의문문에서 사용된다.

Those apples look fresh. I want to buy **some**.
Do you want **some** coffee?
I need **some** pens. I don't have **any**.
Do you have **any** plans for the weekend?

[핵심] 보통 some은 긍정문과 권유하는 의문문에서, any는 부정문과 의문문에서 쓰인다.

11 부사의 형태와 의미

다음 각 네모 안에서 어법상 알맞은 것끼리 짝지어진 것을 고르시오.

- They worked really │ hard / hardly │.
- Do I eat too │ fast / fastly │?
- I feel tired │ late / lately │.

① hard – fast – late
② hard – fast – lately
③ hardly – fastly – late
④ hardly – fast – lately
⑤ hardly – fastly – lately

부사의 형태와 의미

형용사와 형태가 같은 부사	fast (형 빠른 부 빨리)
	early (형 이른 부 일찍)
	late (형 늦은 부 늦게)
	hard (형 열심히 하는 부 열심히)
	high (형 높은 부 높게)
	near (형 가까운 부 가까이)
〈부사+ly〉가 다른 의미의 부사	late (늦게) · lately (최근에)
	high (높게) · highly (매우)
	hard (열심히) · hardly (거의 ~ 않는)
	near (가까이) · nearly (거의)

핵심 -ly가 붙어 다른 의미를 갖는 부사에 유의한다.

12 동명사의 목적어 역할

다음 중 밑줄 친 부분의 쓰임이 나머지와 다른 것을 고르시오.

① Are you good at <u>playing</u> baseball?
② I'm interested in <u>studying</u> science.
③ My father is thinking about <u>retiring</u>.
④ We gave up <u>riding</u> bikes.
⑤ Her job is <u>repairing</u> cars.

동명사의 목적어 역할

동명사는 「동사원형+-ing」의 형태로, 문장에서 명사처럼 주어, 목적어, 보어의 역할을 할 수 있다.

Skiing is my hobby. 〈주어〉
She *enjoys* **teaching** students. 〈동사의 목적어〉
We talked *about* **buying** a new desk. 〈전치사의 목적어〉
His job is **fixing** computers. 〈보어〉

핵심 전치사의 목적어 역할을 하는 동명사와 보어 역할을 하는 동명사를 구분한다.

13 to부정사와 가주어 it

다음 빈칸에 알맞은 것을 고르시오.

> It is dangerous _____ in the sea.

① swim
② swam
③ swimming
④ to swim
⑤ to swimming

to부정사와 가주어 it

주어 역할을 하는 to부정사가 긴 경우 대부분 to부정사(구)를 뒤로 보내고, 그 자리에 가주어 It을 써서 「It ~ to-v」의 형태로 쓴다. 이때, 가주어 It은 해석하지 않는다.

To learn Spanish is not easy.
　　　주어

→ It is not easy **to learn** Spanish.
　가주어　　　　　　　　진주어

핵심 주어 자리의 to부정사(구)를 가주어 It이 대신하고 to부정사는 뒤로 보낸다.

14 감탄문

다음 우리말을 영어로 바르게 옮긴 것을 고르시오.

> 이 청바지는 정말 비싸구나!

① How expensive these jeans!
② How are expensive these jeans!
③ What expensive are these jeans!
④ What expensive jeans these are!
⑤ What expensive jeans are these!

감탄문

감탄문은 기쁨, 슬픔, 놀라움 등의 감정을 표현하는 문장으로 '참 ~하구나!'라는 의미를 나타낸다.

What 감탄문	What+a(n)+형용사+명사 (+ 주어+동사)!
How 감탄문	How+형용사/부사 (+ 주어+동사)!

What a nice bike (it is)!
What cute children (they are)!
How lovely (the dog is)!

핵심 What 감탄문은 「What+a(n)+형용사+명사(+주어+동사)!」의 어순으로 쓴다.

15 문장의 형식

다음 중 어법상 옳은 것의 개수를 구하시오.

> a. Would you lend me some money?
> b. John offered two concert tickets for the couple.
> c. The onion soup smells nicely.
> d. I want you to come to school on time.
> e. Did he allow you use his car?

① 1개　　② 2개　　③ 3개　　④ 4개　　⑤ 5개

문장의 형식

「감각동사+형용사」 (2형식)

주어	+	look 보이다　　smell 냄새가 나다 feel 느낌이 들다　sound 들리다 taste 맛이 나다　seem ~인 것 같다	+	형용사

4형식 문장의 3형식 전환: 「주어+수여동사+직접목적어+to/for/of+간접목적어」의 어순으로 쓴다.

to를 쓰는 동사	give, send, show, teach, write, lend, bring, offer 등
for를 쓰는 동사	make, cook, buy, get 등
of를 쓰는 동사	ask

목적격보어로 to부정사를 취하는 동사 (5형식)

want, tell, order, ask, expect, advise, allow 등의 동사는 목적격보어로 to부정사를 취하며 「주어+동사+목적어+목적격보어」의 어순으로 쓴다.

핵심 동사 offer는 3형식 문장에서 전치사 to를 쓴다. 감각동사 smell 뒤에는 형용사가 오며, 동사 allow는 목적격보어로 to부정사를 쓴다.

16 동명사의 관용 표현

다음 우리말과 일치하도록 주어진 단어를 활용하여 문장을 완성하시오. (2단어로 쓸 것)

> 그들은 토요일마다 쇼핑하러 간다. (shop)
> → They _____ on Saturdays.

정답 _____

동명사의 관용 표현

- go v-ing: ~하러 가다
- be busy v-ing: ~하느라 바쁘다
- feel like v-ing: ~하고 싶다
- upon[on] v-ing: ~하자마자
- be used to v-ing: ~하는 데 익숙하다
- have difficulty v-ing: ~하는 것에 어려움을 겪다
- spend+돈[시간]+v-ing: ~하는 데 돈[시간]을 쓰다
- look forward to v-ing: ~하기를 고대하다
- cannot help v-ing: ~하지 않을 수 없다

핵심 '~하러 가다'는 「go v-ing」로 나타낸다.

17 「how+형용사[부사]」

다음 주어진 문장의 밑줄 친 부분을 바르게 고쳐 쓰시오.

> A: How <u>many</u> do you see your girlfriend?
> B: I see her twice a week.

정답 _____

「how+형용사[부사]」

- how old: 몇 살의, 얼마나 오래된 〈나이〉
- how tall: 얼마나 키가 〈키, 높이〉
- how long: 얼마나 긴/오랫동안 〈길이, 기간〉
- how far: 얼마나 먼 〈거리〉
- how often: 얼마나 자주 〈빈도〉
- how much: 얼마(의) 〈가격〉
- how many+셀 수 있는 명사: 몇 개(의) 〈수량〉
- how much+셀 수 없는 명사: 얼마(의) 〈양〉

How tall is her brother?
How long does it take to get to the mall?

핵심 내용상 빈도를 묻는 **How often**이 적절하다.

18 「감각동사+like+명사」 (2형식)

다음 우리말과 일치하도록 주어진 단어를 활용하여 문장을 완성하시오. (2단어로 쓸 것)

> 이것은 닭고기 같은 맛이 난다. (taste)
> → This _____ chicken.

정답 _____

「감각동사+like+명사」 (2형식)

feel, look, taste, sound, smell 등 감각동사 뒤에 명사(구)가 올 때는 전치사 like(~처럼, ~같이)와 함께 사용한다.
The baby **looks like** *an angel.*
It **smells like** *a fresh fruit.*

핵심 감각동사 뒤에는 형용사 또는 「like+명사」가 올 수 있다.

19 제안문

다음 우리말과 일치하도록 밑줄 친 부분을 바르게 고쳐 쓰시오.

> 지금 산책하지 말자. 눈이 내려.
> → Let's take not a walk now. It's snowing.

정답 _____

---

20 조동사 ought to

다음 우리말과 일치하도록 주어진 단어를 바르게 배열하시오.

> 너는 도서관에서 큰 소리로 이야기해서는 안 된다.
> (not, ought, you, to, talk)

정답 _____

loudly in the library.

제안문

상대방에게 권유, 제안을 할 때 쓰는 문장이다.

긍정 제안문	Let's+동사원형 ~: (우리) ~하자
부정 제안문	Let's not+동사원형 ~: (우리) ~하지 말자

Let's order some Chinese food.
Let's not talk about the rumor.

핵심 부정 제안문은 Let's 뒤에 not을 붙여서 나타낸다.

조동사 ought to

조동사 ought to는 should와 비슷하게 '~해야 한다'는 의미로 충고나 약한 의무를 말할 때 사용한다.

You **ought to** *lock* the door when you leave.
You **ought to** *listen* to your parents.

부정형은 「ought not to+동사원형」의 형태로 '~하지 않는 게 좋다, ~하지 말아야 한다'의 의미를 나타낸다.

You **ought not to** *use* your smartphone here.

핵심 조동사 ought to의 부정형은 ought 뒤에 not을 붙여서 나타낸다.

01 「There+be동사」

다음 중 빈칸에 들어갈 수 <u>없는</u> 것을 고르시오.

Are there many _____ in the room?

① children
② woman
③ tables
④ books
⑤ people

「There+be동사」

~가 있다'라는 의미를 나타내며, 「There+be동사」 뒤에 단수명사나 셀 수 없는 명사가 오면 be동사는 is, 복수명사가 오면 are를 쓴다.

There is *a special gift* on the desk.
There are *lots of books* in the library.

부정문은 「There+be동사+not」으로, 의문문은 「Be동사+there ~?」로 나타낸다.

There wasn't a key on the table.
Is there a sofa in your room?

핵심 의문문 「Are there ~?」 뒤에는 복수명사가 온다.

02 형용사와 부사의 쓰임 구분

다음 중 어법상 **틀린** 것을 고르시오.

① This bag was really cheap.
② I will return with your food short.
③ Mr. Thompson has a large dog.
④ You speak too fast.
⑤ I don't want a cold drink.

형용사와 부사의 쓰임 구분

형용사의 쓰임

(대)명사를 수식하거나, 주어나 목적어를 보충 설명하는 보어의 역할을 한다.

명사 수식	Sydney is a **big** city. I have **good** friends.
주어를 보충 설명	*Julie* is **honest**. *My brother* is **tall**.
목적어를 보충 설명	My dog makes *me* **happy**.

부사의 쓰임

동사, 형용사, 다른 부사, 문장 전체를 수식하여 의미를 더해준다.

동사 수식	I get up **early**.
형용사 수식	We are **really** good friends.
부사 수식	He can run **very** fast.
문장 전체 수식	**Sadly**, we lost the baseball game.

핵심 문장에서 동사, 형용사, 다른 부사, 문장 전체를 수식할 때는 부사를 쓴다.

03 문장의 시제

다음 빈칸에 들어갈 말이 바르게 짝지어진 것을 고르시오.

> • The earth _____ around the sun.
> • Paul _____ Joe 10 years ago.

① go – met
② goes – met
③ went – met
④ went – meets
⑤ goes – meets

04 의문사

다음 우리말을 영어로 바르게 옮기지 <u>않은</u> 것을 고르시오.

① 이 다리는 얼마나 높은가요?

  → How tall is this bridge?

② 누가 너에게 이 꽃들을 주었니?

  → Who gave you these flowers?

③ 너는 이 케이크를 어떻게 만들었니?

  → How did you make this cake?

④ 너는 고양이와 개 중 어느 것을 선호하니?

  → What do you prefer, cats or dogs?

⑤ 너는 이 멋진 셔츠를 어디에서 구했니?

  → Where did you get this nice shirt?

문장의 시제

현재시제는 현재의 상태나 사실, 습관이나 반복되는 일, 변하지 않는 사실이나 진리를 나타낼 때 쓴다.

I **am** 14 years old. 〈현재의 사실〉

My dad **exercises** every morning. 〈습관·반복되는 일〉

Water **boils** at 100 ℃. 〈변하지 않는 과학적 사실〉

과거시제는 과거에 일어난 일, 역사적 사실을 나타낼 때 쓴다. yesterday, last, ago와 같이 과거의 특정 시점을 나타내는 말과 함께 쓰이는 경우가 많다.

James **moved** to Seoul two years ago.

Tony **was** in Tokyo last winter.

[핵심] 변하지 않는 과학적 사실은 현재시제로 쓰며, ago는 과거시제와 자주 쓰이는 부사이다.

의문사

'누가, 무엇을, 어떤, 언제, 어디서, 왜, 어떻게'와 같은 정보를 물을 때 쓰는 말이다. 의문사로 시작하는 의문문은 「의문사+동사[be동사/do동사/조동사]+주어 ~?」의 형태로 쓴다.

> • who: 누구
> • what: 무엇, 무슨
> • which: 어느 것, 어느[어떤]
> • when: 언제
> • where: 어디서
> • why: 왜
> • how: 어떤, 어떻게
> • how+형용사[부사]: 얼마나 ~한[하게]

What was your question?

[핵심] 'A와 B 중에서'와 같이, 어떤 범위 내의 선택에 대해 물을 때는 의문사 which를 쓴다.

05 조동사의 의미

다음 우리말을 영어로 바르게 옮긴 것을 고르시오.

> 너는 강에서 수영할 수 있니?

① Are you swim in the river?
② May you swim in the river?
③ Can you swim in the river?
④ Do you swim in the river?
⑤ Should you swim in the river?

조동사의 의미

can	~할 수 있다 〈능력·가능〉 ~해도 좋다 〈허가〉
may	~해도 좋다 〈허가〉 ~일지도 모른다 〈약한 추측〉
must	~해야 한다 〈의무〉 ~임에 틀림없다 〈강한 추측〉
should	~해야 한다 〈가벼운 의무〉 ~하는 것이 좋다 〈권유·충고〉
will	~할 것이다 〈미래의 일〉 ~하겠다 〈주어의 의지〉

조동사의 의문문은 「(의문사 +) 조동사+주어+동사원형 ~?」으로 쓴다.
May I sit here?
Can you believe it?
How can I open this window?

핵심 '~할 수 있니?'와 같은 능력·가능에 대해 물을 때는 조동사 can을 사용하여 의문문을 만든다.

06 명령문 / 제안문

다음 중 어법상 옳은 것끼리 바르게 짝지어진 것을 고르시오.

> a. Not worry too much.
> b. Wake me up at 7, please.
> c. Let's going on a picnic tomorrow.
> d. Let's not give up so easily.

① a, b
② a, c
③ a, d
④ b, c
⑤ b, d

명령문

상대방에게 명령, 지시, 부탁, 권유 등을 할 때 쓰는 문장이다.

긍정 명령문	동사원형 ~: ~해라
부정 명령문	Don't+동사원형 ~: ~하지 마라

Close the window.
Don't be late for school.

제안문

상대방에게 권유, 제안을 할 때 쓰는 문장이다.

긍정 제안문	Let's+동사원형 ~: (우리) ~하자
부정 제안문	Let's not+동사원형 ~: (우리) ~하지 말자

Let's order some Chinese food.
Let's not talk about the rumor.

핵심 부정 명령문은 「Don't+동사원형 ~」, 부정 제안문은 「Let's not+동사원형 ~」의 형태로 쓰는 것에 유의한다.

07 동명사 / 현재진행형

다음 중 보기 의 밑줄 친 부분과 쓰임이 다른 것을 고르시오.

> 보기 I enjoy swimming in the pool.

① I felt like crying.
② Are they waiting outside?
③ Please stop arguing with each other.
④ Watching the shooting stars was great.
⑤ His job is teaching middle school students.

08 진행형으로 쓰지 않는 동사

다음 중 어법상 틀린 것을 고르시오.

① They were playing the piano.
② She is cleaning the classroom now.
③ The new movie is coming soon.
④ I was reading a newspaper.
⑤ He was knowing the teacher's name.

동명사

동명사는 「동사원형+-ing」의 형태로, 문장에서 명사처럼 주어, 목적어, 보어의 역할을 한다.

Skiing is my hobby. 〈주어〉
She *enjoys* **teaching** students. 〈동사의 목적어〉
We talked *about* **buying** a new desk. 〈전치사의 목적어〉
His job is **fixing** computers. 〈보어〉

현재진행형

「be동사의 현재형+v-ing」의 형태로, 지금 일이 진행되고 있음을 나타낸다.

핵심 동명사는 문장에서 주어, 목적어, 보어의 역할을 하며 '~하는 것'으로 해석되고, 현재진행형은 be동사와 함께 쓰여 '~하는 중이다'의 의미를 나타낸다.

진행형으로 쓰지 않는 동사

want, hate, like, own, have(가지다) 등 감정이나 소유를 나타내는 동사는 진행형으로 쓰지 않는다. 단, have가 '먹다'라는 동작의 의미일 때는 진행형으로 쓸 수 있다.

I **am having** breakfast now. 〈동작〉
I am having a parrot. (X)
I am wanting some drinks. (X)

핵심 동사 know는 진행형으로 쓰지 않는다.

09 to부정사의 용법

다음 중 밑줄 친 부분의 쓰임이 나머지와 다른 것을 고르시오.

① I hope <u>to see</u> you again soon.
② They were sad <u>to hear</u> the story.
③ She agreed <u>to follow</u> the new rule.
④ It is dangerous <u>to swim</u> in the river.
⑤ His dream is <u>to have</u> his own restaurant.

10 감탄문

다음 빈칸에 들어갈 말이 나머지와 다른 것을 고르시오.

① _____ cute this kitten is!
② _____ a great cook he is!
③ _____ pretty gloves they are!
④ _____ an exciting game it is!
⑤ _____ a handsome man he is!

---

to부정사의 용법

to부정사의 명사적 용법

to부정사가 명사처럼 문장에서 주어, 목적어, 보어의 역할을 한다. 주어 역할을 하는 to부정사가 길어지는 경우, to부정사(구)를 뒤로 보내고 주어 자리에 가주어 It을 쓴다.

<u>**To write**</u> in my diary every day is my goal. 〈주어〉
→ It is my goal **to write** in my diary every day.
　　가주어　　　　　　　　　　　　　진주어

I plan **to go** fishing this Sunday. 〈목적어〉
Our aim is **to help** poor people. 〈주격보어〉
I asked him **to clean** the fan. 〈목적격보어〉

to부정사의 부사적 용법

부사처럼 동사, 형용사를 수식하며, 목적, 결과, 감정의 원인, 판단의 근거 등을 나타낸다.

I came **to see** you. 〈목적〉
My grandma lived **to be** 100 years old. 〈결과〉
She was glad **to meet** her sister. 〈감정의 원인〉
He was foolish **to trust** the salesman. 〈판단의 근거〉

핵심 to부정사가 문장에서 주어, 목적어, 보어 역할을 하면 명사적 용법, 목적, 결과, 감정의 원인, 판단의 근거 등을 나타내면 부사적 용법이다.

감탄문

기쁨, 슬픔, 놀라움 등의 감정을 표현하는 문장으로 '참 ~하구나!'라는 의미를 나타낸다.

What 감탄문	What+a(n)+형용사+명사 (+ 주어+동사)!
How 감탄문	How+형용사/부사 (+ 주어+동사)!

What a nice bike (it is)!
What cute children (they are)!
How lovely (the dog is)!

핵심 주어, 동사를 제외하면 What 감탄문에만 명사가 있다.

11 문장의 형식

다음 중 어법상 옳은 것의 개수를 구하시오.

> a. You look sad today.
> b. His voice sounds greatly.
> c. Lauren sent me a package.
> d. Please give your photo to me.
> e. My parents expect me to be a teacher.

① 1개 ② 2개 ③ 3개 ④ 4개 ⑤ 5개

12 원급 비교 표현

다음 우리말과 일치하도록 빈칸에 알맞은 것을 고르시오.

> 이곳은 사막만큼 덥다.
> → This place is as _____ as a desert.

① hot
② hotter
③ hottest
④ more hot
⑤ most hot

문장의 형식

「감각동사+형용사」(2형식)

주어	+	look 보이다 feel 느낌이 들다 taste 맛이 나다	smell 냄새가 나다 sound 들리다 seem ~인 것 같다	+	형용사

목적어가 두 개 필요한 동사 (4형식)

give, buy, bring, send, show, write, cook 등의 동사는 '~에게 …을(해)주다'의 의미로 수여동사라고 하며, 「주어+수여동사+간접목적어+직접목적어」의 어순으로 쓴다.

I *gave* **my girlfriend some flowers**.
　　　 간접목적어(~에게)　직접목적어(…을)

4형식 문장은 「주어+수여동사+직접목적어+to/for/of+간접목적어」의 3형식 문장으로 바꿔 쓸 수 있다.

I *gave* some flowers **to** my girlfriend
　　　 직접목적어(…을)　　 간접목적어(~에게)

목적격보어로 to부정사를 취하는 동사 (5형식)

want, tell, order, ask, expect, advise, allow 등의 동사는 목적격보어로 to부정사를 필요로 하며, 「주어+동사+목적어+목적격보어」의 어순으로 쓴다.

> **핵심** 감각동사 뒤에는 형용사가 오며, 동사 give는 4형식에서 3형식으로 전환될 때 전치사 to를 쓴다. 동사 expect는 목적격보어로 to부정사를 취한다.

원급 비교 표현

원급 비교는 형용사·부사의 원급을 이용하여 비교를 나타내는 표현이다.
「as+원급+as」 구문으로 '~만큼 …한[하게]'의 의미를 나타내며, 부정형은 「as+원급+as」 앞에 not을 붙인다.
I am **as tall as** my sister.
I am **not as tall as** my brother.

> **핵심** '~만큼 …한[하게]'의 의미는 「as+형용사/부사의 원급+as」로 나타낸다.

13 수량형용사

다음 중 밑줄 친 부분이 어법상 **틀린** 것을 고르시오.

① <u>Few</u> people know the secret.
② We only have <u>a few</u> time to talk.
③ There is <u>a little</u> tea in the cup.
④ She already had <u>a few</u> chances to go abroad.
⑤ Did you spend <u>a lot of</u> money on your dress?

수량형용사

'수'와 '양'을 나타내어 명사를 꾸며 주는 형용사를 수량형용사라고 하며, '수'를 나타낼 때는 many, (a) few, a lot of를, '양'을 나타낼 때는 much, (a) little, a lot of를 사용한다.

셀 수 있는 명사의 복수형 앞	셀 수 없는 명사 앞	의미
a few	a little	조금 있는, 약간의
few	little	거의 없는
many	much	많은
a lot of / lots of		

Many *people* enjoy water sports.
We have **little** *water*.

[핵심] a few는 셀 수 있는 명사 앞에 오는 수량형용사이다.

14 to부정사와 동명사

다음 괄호 안에 들어갈 말로 바르게 짝지어진 것을 고르시오.

- Mom finished cleaning / to clean the kitchen.
- We decided going / to go Rome for the holidays.
- He is thinking about living / to live near the beach.

① cleaning – going – living
② to clean – going – living
③ cleaning – to go – living
④ to clean – going – to live
⑤ cleaning – to go – to live

to부정사와 동명사

to부정사는 want, need, plan, agree, decide, expect, hope, learn, offer, promise, refuse 등의 동사의 목적어로 쓰인다.
I *hope* **to visit** her house.

동명사는 enjoy, avoid, mind, finish, keep, give up, quit, practice, consider 등의 동사나 전치사의 목적어로 쓰인다.
She *enjoys* **dancing**. 〈동사의 목적어〉
He thought *about* **moving** to LA. 〈전치사의 목적어〉

[핵심] 전치사와 동사 finish는 목적어로 동명사를 취하며, decide는 목적어로 to부정사를 취한다.

15 부사절을 이끄는 종속접속사

다음 중 빈칸에 알맞은 것을 고르시오.

I have a stomachache _____ I had too
much ice cream yesterday.

① if
② because
③ when
④ that
⑤ while

부사절을 이끄는 종속접속사

시간	when(~할 때), as(~할 때, ~하면서), while(~하는 동안에), before(~ 전에), after(~ 후에), until[till](~할 때까지), since(~ 이래로)
이유, 결과	because/as/since(~ 때문에), so ~ that ...(너무[매우] ~해서 ...하다)
양보	though[although](비록 ~이지만), even though(비록 ~일지라도)
조건	if(만약 ~라면), unless(만약 ~하지 않으면)

핵심 종속접속사 because가 이끄는 절은 다른 절의 내용에 대한 이유를 설명해준다.

16 to부정사와 가주어 it

다음 문장의 밑줄 친 부분을 바르게 고쳐 쓰시오.

That is difficult to pronounce your name.

정답 _____

to부정사와 가주어 it

주어로 사용된 to부정사의 길이가 긴 경우, 대부분 to부정사 주어를 뒤로 보내고 그 자리에 가주어 It을 써서 「It ~ to-v」의 형태로 나타낸다. 이때, 가주어 It은 '그것'으로 해석하지 않는다.

To learn Spanish is not easy.
　　　주어

→ It is not easy **to learn** Spanish.
　가주어　　　　　　　진주어

핵심 진주어인 to부정사(구) 자리에 가주어 it이 대신 온다.

17 부가의문문

다음 우리말과 일치하도록 빈칸에 알맞은 말을 쓰시오.

너는 곧 나를 방문할 거야, 그렇지 않니?
You will visit me soon, _____?

정답 _____

18 재귀대명사

다음 빈칸에 공통으로 들어갈 말을 쓰시오.

• I just made a pie. Please help _____.
• You won first prize! You must be proud of _____.

정답 _____

부가의문문은 평서문 뒤에 덧붙이는 의문문으로, 상대방에게 동의를 구하거나 확인을 하기 위해 쓴다.

부가의문문 만드는 방법

① 부가의문문은 「~, 동사+주어?」의 형태로 쓴다.
② 긍정의 평서문 뒤에는 부정의 부가의문문을, 부정의 평서문 뒤에는 긍정의 부가의문문을 쓴다.
③ 평서문에 be동사·조동사가 쓰였으면 그대로 쓰고, 일반동사가 쓰였으면 do동사를 쓴다. 시제는 평서문의 시제와 일치시킨다. 부정의 부가의문문은 축약형으로 쓴다.
④ 부가의문문의 주어를 대명사로 바꾼다.

Lewis is from England, **isn't he?**
You like pizza, **don't you?**
Wash your hands before lunch, **will you?**

핵심 평서문의 동사가 조동사이면 부가의문문에도 조동사를 쓴다.

재귀대명사

목적어가 주어와 같을 때, 목적어 자리에 재귀대명사를 쓴다. 이 경우 '~ 자신'의 의미이며 생략할 수 없다.
You should take care of **yourself**.
She looked at **herself** in the mirror.

재귀대명사를 이용한 관용 표현

• by oneself: 홀로, 혼자서
• for oneself: 스스로, 스스로를 위해
• help yourself: (~을) 마음껏 먹다
• beside oneself: 제정신이 아닌
• enjoy oneself: 즐겁게 지내다
• in itself: 본래, 그 자체가

핵심 '마음껏 먹다'의 의미는 **help yourself**로 쓰며, 목적어가 주어와 같을 때 '~ 자신'의 의미로 재귀대명사를 쓴다.

19 4형식 문장의 3형식 전환

다음 주어진 문장을 3형식 문장으로 바꿔 쓰시오.

Dad made us some sandwiches.
→ Dad made _____.

정답 _____

4형식 문장의 3형식 전환

「주어+수여동사+간접목적어+직접목적어」의 4형식 문장은 「주어+수여동사+직접목적어+to/for/of+간접목적어」의 3형식 문장으로 전환하여 쓸 수 있다. 이때, 간접목적어 앞에 사용되는 전치사는 동사의 종류에 따라 달라진다.

to를 쓰는 동사	give, tell, send, offer, bring, teach, show, sell, lend, pay 등
for를 쓰는 동사	make, buy, get, cook, find 등
of를 쓰는 동사	ask

Can you bring **me my slippers**?
　　　　　　　간접목적어　직접목적어

→ Can you bring my slippers **to** me?
　　　　　　　직접목적어　　　간접목적어

Dad bought **me a camera** on my birthday.
　　　　　간접목적어　직접목적어

→ Dad bought a camera **for** me on my birthday.
　　　　　　직접목적어　　　간접목적어

핵심 동사 make는 4형식 문장에서 3형식으로 전환될 때 전치사 for를 쓴다.

20 조동사 don't have to

다음 우리말과 일치하도록 주어진 단어를 바르게 배열하시오.

그녀는 오늘 일찍 일어날 필요가 없다.
(early, wake up, have, doesn't, to)

정답 She _____

_____ today.

조동사 don't have to

don't have to는 '~할 필요가 없다'의 의미로 불필요를 나타내며, 주어가 3인칭 단수이면 don't 대신 doesn't를 쓴다.
You **don't have to** cross the road to catch the bus.
She **doesn't have to** do the dishes.

핵심 주어 뒤에 doesn't를 쓰고, have to 뒤에는 동사원형을 쓴다.

01 명사의 복수형

다음 중 단어의 복수형이 바르게 짝지어지지 <u>않은</u> 것을 고르시오.

① baby – babies
② sheep – sheeps
③ child – children
④ mouse – mice
⑤ wolf – wolves

02 정관사 the의 쓰임

다음 중 밑줄 친 부분이 어법상 옳은 것끼리 바르게 짝지어진 것을 고르시오.

> a. I was born in <u>the Seoul</u> in 1991.
> b. I usually buy things on <u>the Internet</u>.
> c. Kate will <u>play the guitar</u> for her parents.
> d. We had toast and milk for <u>the breakfast</u>.

① a, b
② a, c
③ a, d
④ b, c
⑤ b, d

명사의 복수형

규칙 변화

대부분의 명사	명사+-s	pens, buildings
-s, -sh, -ch, -x, -o로 끝나는 명사	명사+-es	brushes, benches 예외) piano → pianos
자음+y로 끝나는 명사	y를 i로 고치고 +-es	baby → babies body → bodies
-f, -fe로 끝나는 명사	f, fe를 v로 바꾸고 +-es	life → lives knife → knives 예외) roof → roofs

불규칙 변화

단수형 = 복수형	fish, sheep, deer
단수형 ≠ 복수형	man → men, tooth → teeth, foot → feet, child → children

핵심 sheep는 단수와 복수의 형태가 같다.

정관사 the의 쓰임

관용적으로 정관사 the를 쓰는 경우

> **The** *sun* is bigger than **the** *earth.* 〈유일한 자연물〉
> He *played* **the** *piano* for her. 〈play+악기 이름〉
> I heard the news on **the** *radio.* 〈일부 매체〉

정관사를 쓰지 않는 경우

> Let's go to *lunch.* 〈식사 이름〉
> I like to play *tennis.* 〈운동경기 이름〉
> He goes to school by *bus.* 〈by+교통/통신 수단〉
> She went to *bed* early last night. 〈본래 용도로 쓰인 장소〉
> Welcome to *New York.* 〈나라/도시 이름〉

핵심 도시 이름이나 식사 이름 앞에는 정관사를 쓰지 않는다.

03 be동사의 의문문 / 일반동사의 의문문

다음 중 대화에 어법상 틀린 부분이 있는 것을 고르시오.

① A: Is he studying now?
   B: No, he isn't.
② A: Did you make a reservation, sir?
   B: No, I didn't.
③ A: Do you have any questions?
   B: Yes, I do.
④ A: Are you faster than him?
   B: Yes, you are.
⑤ A: Is she going to meet him?
   B: No, she isn't.

04 조동사 may의 의미

다음 중 밑줄 친 부분의 의미가 나머지와 다른 것을 고르시오.

① Sheldon <u>may</u> be a genius.
② She <u>may</u> be at the hospital now.
③ <u>May</u> I ask you some questions?
④ Don't wait for me. I <u>may</u> be late.
⑤ Mr. Lee <u>may</u> not come back again.

05 조동사 will

다음 중 빈칸에 will[Will]을 쓸 수 <u>없는</u> 것을 고르시오.

① I _____ call you later.
② He _____ be 20 years old next year.
③ I _____ visited my hometown last week.
④ _____ you come to my birthday party?
⑤ The airplane _____ take off in five minutes.

06 이유·조건을 나타내는 종속접속사

다음 빈칸에 들어갈 말이 바르게 짝지어진 것을 고르시오.

• She was mad at me _____ I ate her cake.
• I want to meet you _____ you have time.

① if – so
② when – that
③ because – if
④ that – after
⑤ while – from

07 과거진행형

다음 우리말을 영어로 바르게 옮긴 것을 고르시오.

A: I called you around 9 p.m., but you didn't answer.
B: 나는 극장에서 영화를 보고 있었어.

① I watch a movie at the theater.
② I watched a movie at the theater.
③ I will watch a movie at the theater.
④ I was watching a movie at the theater.
⑤ I am watching a movie at the theater.

08 시간을 나타내는 전치사

다음 각 네모 안에서 어법상 알맞은 것끼리 짝지어진 것을 고르시오.

• Valentine's Day is in / on February.
• The TV show starts at / in noon every day.
• People give candy to children on / at Halloween.

① in – at – on
② in – in – on
③ in – at – at
④ on – at – at
⑤ on – in – at

과거진행형

과거진행형은 과거 어느 시점에 일이 진행되고 있었음을 나타낼 때 쓰며, 「be동사의 과거형+v-ing」로 나타낸다.
Eric **was watching** TV last night.
We **were swimming** in the river this morning.
She **was not working** at that time.

핵심 과거의 어떤 시점에 어떤 일이 진행되고 있었음을 나타낼 때는 「be동사의 과거형+v-ing」의 과거진행형을 쓴다.

시간을 나타내는 전치사

at	(구체적인 시각·시점)에	**at** 3 o'clock, **at** 5:30, **at** noon, **at** night
on	(날짜, 요일, 특정한 날)에	**on** Friday, **on** May 5th, **on** my birthday
in	(오전/오후, 월, 계절, 연도)에	**in** the morning, **in** October, **in** the evening

Dad wakes up **at** *6 a.m.* every morning.
The library closes **on** *Mondays*.
I will go to Australia **in** *January*.

핵심 월, 연도, 계절 등 비교적 긴 시간에는 in, 구체적인 시각을 나타낼 때는 at, 날짜, 요일, 특정한 날 앞에는 on을 쓴다.

09 부정대명사

다음 중 어법상 <u>틀린</u> 것을 고르시오.

① All of the milk is fresh.
② Each student has a textbook.
③ All of your questions are difficult.
④ Both of the man likes coffee.
⑤ Every game starts at 7 p.m. in the evening.

부정대명사

all (of)+단수명사	모든 ~	단수 취급
all (of)+복수명사		복수 취급
both (of)+복수명사	둘 다	복수 취급
each+단수명사	각각(의)	단수 취급
each (of)+복수명사		단수 취급
every+단수명사	모든	단수 취급

All the money *was* stolen.
All of the students *are* in the classroom.
Both of my sisters *wear* glasses.
Each team *has* eleven players.
Each of the children *has* a different goal.
Every person *has* a talent.

핵심 both는 복수명사와 함께 쓰여 '둘 다'의 의미를 나타내며, 복수 취급한다.

10 빈도부사

다음 중 밑줄 친 부분의 위치가 <u>틀린</u> 것을 고르시오.

① She is <u>usually</u> wearing sunglasses.
② My brother eats <u>often</u> vegetables.
③ I <u>always</u> wear my blue cap.
④ She is <u>sometimes</u> late for work.
⑤ I will <u>never</u> make the same mistake again.

빈도부사

빈도부사는 동사의 종류에 따라 위치가 달라지며, 대개 be동사나 조동사의 뒤, 일반동사의 앞에 온다.

0%				100%
never	sometimes	often	usually	always
(결코 ~않다)	(가끔)	(자주)	(대개, 보통)	(항상)

Jane *is* **always** kind. 〈be동사 뒤〉
I *will* **never** be late again. 〈조동사 뒤〉
We **often** *eat* chicken. 〈일반동사 앞〉

핵심 빈도부사는 be동사나 조동사의 뒤, 일반동사의 앞에 온다.

11 to부정사와 동명사

다음 중 어법상 옳은 것의 개수를 고르시오.

> a. Kate gave up to exercise every morning.
> b. I hate clean my room.
> c. I avoid eating fast food.
> d. The team expects winning.
> e. She wants to be a fashion designer.

① 1개   ② 2개   ③ 3개   ④ 4개   ⑤ 5개

to부정사와 동명사

to부정사를 목적어로 취하는 동사: want, need, plan, agree, decide, expect, hope, learn, offer, promise, refuse 등

동명사를 목적어로 취하는 동사: enjoy, avoid, mind, finish, keep, give up, quit, practice, consider 등

to부정사와 동명사 둘 다 목적어로 취하는 동사: love, like, hate, begin, start, continue 등

핵심 동사 give up은 목적어로 동명사가, hate는 to부정사나 동명사 둘 다, expect는 to부정사가 온다.

12 비교급 강조

다음 중 빈칸에 들어갈 수 없는 것을 고르시오.

> My car is _____ more expensive than hers.

① very
② still
③ even
④ far
⑤ a lot

비교급 강조

비교급 앞에 much, still, a lot, far, even 등을 써서 '훨씬 더 ~한[하게]'의 의미로 비교급을 강조할 수 있다.

Your desk is **much** *wider* than mine.
The sun is **a lot** *larger* than the earth.

핵심 비교급을 강조할 때는 **very**를 쓸 수 없다는 것에 유의한다.

13 to부정사의 부사적 용법

다음 중 [보기]의 밑줄 친 부분과 쓰임이 같은 것을 고르시오.

> [보기] We went to New York <u>to spend</u> Christmas together.

① I have some books <u>to read</u>.
② You need <u>to relax</u> for a while.
③ It is impossible <u>to get</u> there in time.
④ I have an interesting story <u>to tell</u> you.
⑤ He went to the market <u>to buy</u> some eggs.

---

to부정사의 부사적 용법

to부정사가 부사처럼 동사, 형용사를 수식하며, 목적, 결과, 감정의 원인, 판단의 근거 등을 나타낸다.
I came **to see** you. 〈목적〉
My grandma lived **to be** 100 years old. 〈결과〉
She was glad **to meet** her sister. 〈감정의 원인〉
He was foolish **to trust** the salesman. 〈판단의 근거〉

핵심 주어진 문장처럼 목적을 나타내는 부사적 용법의 to부정사를 찾는다.

---

14 조동사의 의미

다음 중 문장의 해석으로 옳지 <u>않은</u> 것을 고르시오.

① I am not going to leave.
  → 나는 떠나지 않을 것이다.
② She can play the piano well.
  → 그녀는 피아노를 잘 연주할 수 있다.
③ I had to drink a cup of coffee.
  → 나는 커피 한 잔을 마셔야 했다.
④ I won't be able to visit you tomorrow.
  → 나는 내일 당신을 방문하지 못할 거예요.
⑤ He should bring an umbrella.
  → 그는 우산을 가지고 간 것이 틀림없다.

조동사의 의미

will	~할 것이다 〈미래의 일〉 ~하겠다 〈주어의 의지〉
be going to	~할 것이다 〈미래의 일〉 ~할 예정이다 〈미래의 계획〉
can	~할 수 있다 〈능력·가능〉 ~해도 좋다 〈허가〉
be able to	~할 수 있다 〈능력·가능〉
have to	~해야 한다 〈의무〉
must	~해야 한다 〈의무〉 ~임에 틀림없다 〈강한 추측〉
should	~해야 한다 〈가벼운 의무〉 ~하는 것이 좋다 〈권유·충고〉

핵심 should는 '~해야 한다, ~하는 것이 좋다'의 의미로 가벼운 의무나 충고를 나타내며, '~임에 틀림없다'라는 의미는 조동사 must로 나타낼 수 있다.

15 목적어가 두 개 필요한 동사 (4형식)

다음 중 보기와 문장의 형식이 다른 것을 고르시오.

> 보기 Mr. Park teaches us Korean history.

① Please send me the file.
② Would you show them the map?
③ He asked me many questions.
④ I offered a cup of tea to Ms. Williams.
⑤ My grandmother gave her some advice.

16 「감각동사+like+명사」 (2형식) / 동명사의 관용 표현

다음 빈칸에 공통으로 들어갈 말을 쓰시오.

> • You look _____ a movie star.
> • I don't feel _____ eating now. I'm not
>   hungry.

정답 _____

목적어가 두 개 필요한 동사 (4형식)

give, buy, bring, send, show, write, cook 등의 동사는 '~에게 …을 (해)주다'의 의미로 수여동사라고 하며, 「주어+수여동사+간접목적어+직접목적어」의 어순으로 쓴다.
이런 4형식 문장은 「주어+수여동사+직접목적어+to/for/of+간접목적어」의 3형식 문장으로 바꿔 쓸 수 있다.
I *gave* **my girlfriend some flowers**. 〈4형식〉
　　　　　간접목적어(~에게)　　직접목적어(…을)

I *gave* some flowers to my girlfriend. 〈3형식〉
　　　　　직접목적어(…을)　　간접목적어(~에게)

핵심 주어진 문장처럼 4형식으로 쓰인 문장과 3형식 문장을 구분한다.

「감각동사+like+명사」 (2형식)

feel, look, taste, sound, smell 등 감각동사 뒤에 명사(구)가 올 때는 전치사 like(~처럼, ~같이)와 함께 사용한다.
The baby **looks like** *an angel*.
It **smells like** *chicken*.

동명사의 관용 표현

> • go v-ing: ~하러 가다
> • be busy v-ing: ~하느라 바쁘다
> • be worth v-ing: ~할 가치가 있다
> • feel like v-ing: ~하고 싶다
> • cannot help v-ing: ~하지 않을 수 없다

핵심 감각동사 look 뒤에 명사(구)가 올 경우 전치사 like와 함께 사용하며,
「feel like v-ing」는 '~하고 싶다'를 나타낸다.

17 be동사의 부정문

다음 주어진 문장을 부정문으로 바꿔 쓰시오. (5단어로 쓸 것)

> It is your fault.

[정답] _____

be동사의 부정문

「주어+be동사+not」으로 쓰며, 「주어+be동사」나 「be동사+not」을 줄여 쓸 수 있다. 단, am not은 줄여 쓸 수 없다.

I **am not** a kid anymore.

= I'm not   I anm't (X)

He **is not** in the office right now.

= He's not 또는 He isn't

It **was not** expensive.

= It wasn't

[핵심] be동사 뒤에 **not**을 붙여 부정문을 만든다.

18 to부정사의 부정형

다음 우리말과 일치하도록 주어진 단어를 활용하여 문장을 완성하시오.

> 우리는 캠핑을 가지 않기로 결정했다. (go)

[정답] We decided _____ camping.

to부정사의 부정형

to부정사의 부정형은 to부정사 앞에 not이나 never를 붙여 만든다.

We decided **not to go** there.

She chose **not to accept** the job offer.

[핵심] to부정사의 부정형은 to부정사 앞에 **not**이나 **never**를 붙이며, '캠핑을 가다'는 **go camping**으로 표현한다.

19 의문사 which

다음 문장의 밑줄 친 부분을 바르게 고쳐 쓰시오.

> Which do you like better, golf <u>and</u> tennis?

정답 _____

20 How 감탄문

다음 우리말과 일치하도록 주어진 단어를 바르게 배열하여 문장을 완성하시오.

> 그의 새 책은 참 흥미롭구나!
> (is, new, how, his, book, interesting)

정답 _____

의문사 which

의문사 which는 정해진 범위 안에서 선택을 물을 때 사용되며, '어느 것, 어느[어떤]'라는 의미를 나타낸다. 「Which ~, A or B?」는 'A와 B 중 어느 (것)이 ~하니?'의 의미를 나타낸다.

Which is your car?
Which color does she like better, pink **or** purple?
Which do you prefer, coffee **or** tea?

핵심 「Which ~, A or B?」는 'A와 B 중 어느 (것)이 ~하니?'의 의미이다.

How 감탄문

감탄문은 기쁨, 슬픔, 놀라움 등의 감정을 표현하는 문장으로, '참 ~하구나!'라는 의미를 가진다.

What 감탄문	What+a(n)+형용사+명사 (+ 주어+동사)!
How 감탄문	How+형용사/부사 (+ 주어+동사)!

What a nice bike (it is)!
What cute children (they are)!
How lovely (the dog is)!

핵심 How 감탄문은 「How+형용사/부사(+주어+동사)!」의 어순으로 쓴다.

01 인칭대명사의 격

다음 중 빈칸에 알맞은 것을 고르시오.

> I have one sister. _____ name is Diana.

① Diana
② She
③ Hers
④ Her
⑤ She's

02 be동사의 부정문 / 「There+be동사」

다음 중 어법상 옳은 것의 개수를 구하시오.

> a. They wasn't kind and friendly.
> b. There is an orange in the box.
> c. There is some mice in the basement.
> d. I amn't good at playing soccer.

① 0개 ② 1개 ③ 2개 ④ 3개 ⑤ 4개

인칭대명사의 격

인칭대명사가 문장에서 주어 역할을 하면 주격, 목적어 역할을 하면 목적격을 쓴다. 명사 앞에서 '~의'라는 의미를 나타낼 때는 소유격, 명사와 소유격을 대신하여 '~의 것'이라는 의미를 나타낼 때는 소유대명사를 쓴다.

Chris is a doctor. **He** takes care of sick people. 〈주격〉
His house is on Main Street. **Its** roof is green. 〈소유격〉
Yumi is a kind girl. I like **her**. 〈목적격〉
My dad's cell phone is old. **Mine** is new. 〈소유대명사〉

> **핵심** 명사 앞에서 '~의'를 나타낼 때는 소유격을 쓴다.

be동사의 부정문

「주어+be동사+not」으로 나타내며, 「주어+be동사」 또는 「be동사+not」은 줄여 쓸 수 있다. 단, am not은 amn't로 줄여 쓸 수 없다.

I **am not** a kid anymore.
= I'm not   I amn't (X)
He **is not** in the office right now.
= He's not 또는 He **isn't**
It **was not** expensive.
= It **wasn't**
We **were not** late for school.
= We **weren't**

「There+be동사」

'~가 있다[있었다]'라는 의미로, There을 '거기에'라고 해석하지 않는다. There is[was] 뒤에는 단수명사나 셀 수 없는 명사가 오고, There are[were] 뒤에는 복수명사가 온다.

There is *a special gift* on the desk.
There are *lots of books* in the library.

> **핵심** 주어가 They일 때 「be동사+not」은 were not[weren't]으로 써야 하며, 주어가 I일 때 am not은 amn't로 줄여 쓸 수 없다.

03 일반동사의 과거형

다음 중 밑줄 친 부분이 어법상 **틀린** 것을 고르시오.

① Charlie <u>slept</u> well last night.
② My father <u>sold</u> his old car.
③ Lisa <u>talked</u> about her family.
④ She <u>watched</u> a horror movie.
⑤ Alice <u>catched</u> a big fish.

일반동사의 과거형

규칙 변화

대부분의 동사	동사원형+-ed	watched, wanted, talked
자음+e로 끝나는 동사	동사원형+-d	moved, closed, changed
자음+y로 끝나는 동사	y를 i로 바꾸고 +-ed	carry → carried dry → dried
단모음+단자음으로 끝나는 동사	자음을 한 번 더 쓰고+-ed	stop → stopped plan → planned

불규칙 변화

현재형 = 과거형	put → put hit → hit	cut → cut read → read
현재형 ≠ 과거형	go → went sell → sold eat → ate make → made	sleep → slept catch → caught have → had buy → bought

핵심 catch의 과거형은 **caught**이다.

---

04 명령문 / 제안문

다음 우리말을 영어로 바르게 옮기지 **않은** 것을 고르시오.

① 정직해라.
  → Be honest.
② 지금 밖에 나가지 말자.
  → Let's not go out now.
③ 이 약을 먹어라.
  → Take this medicine.
④ 너희 부모님께 예의 없이 굴지 마라.
  → Don't rude to your parents.
⑤ 내일 소풍을 가자.
  → Let's go on a picnic tomorrow.

명령문

긍정 명령문	동사원형 ~: ~해라
부정 명령문	Don't+동사원형 ~: ~하지 마라

Close the window.
Don't be late for school.

제안문

긍정 제안문	Let's+동사원형 ~: (우리) ~하자
부정 제안문	Let's not+동사원형 ~: (우리) ~하지 말자

Let's order some Chinese food.
Let's not talk about the rumor.

핵심 부정 명령문은 「**Don't**+동사원형 ~」의 형태로 써야 하며, **rude**는 형용사이다.

05 형용사와 부사의 형태

다음 중 형용사-부사가 <u>잘못</u> 짝지어진 것을 고르시오.

① usual – usually
② loud – loudly
③ special – specially
④ friend – friendly
⑤ lucky – luckily

형용사와 부사의 형태

부사의 형태

대부분의 부사	형용사+-ly	sad → sadly usual → usual**ly**
-y로 끝나는 형용사의 부사	y를 i로 바꾸고+-ly	happy → happ**ily** lucky → luck**ily**
-le로 끝나는 형용사의 부사	-le→-ly	simple → simp**ly** terrible → terrib**ly**
형용사 형태=부사 형태	high, fast, early, late, hard	

단, ⑱ good → ⑲ well처럼 형태가 아예 다른 경우도 있다. 또한 형용사 중에 부사처럼 -ly로 끝나는 형용사도 있다.

love+-ly = ⑱ lovely (사랑스러운)
friend+-ly = ⑱ friendly (친절한)

핵심 -ly로 끝난다고 해서 모두 부사가 아니라는 것에 유의한다.

06 「how+형용사[부사]」

다음 중 대화에 어법상 <u>틀린</u> 부분이 있는 것을 고르시오.

① A: How old are you?
   B: I'm fourteen years old.
② A: How often do you cook?
   B: I never cook.
③ A: How many cookies did you eat?
   B: I ate five.
④ A: How longer will you stay in Japan?
   B: For three days.
⑤ A: How far is it from your house to the post office?
   B: It's only 300 meters.

「how+형용사[부사]」

「how+형용사[부사]」는 '얼마나 ~한/하게'의 의미를 나타낸다.

- how old: 몇 살의, 얼마나 오래된 〈나이〉
- how tall: 얼마나 키가 〈키, 높이〉
- how long: 얼마나 긴/오랫동안 〈길이, 기간〉
- how far: 얼마나 먼 〈거리〉
- how often: 얼마나 자주 〈빈도〉
- how much: 얼마(의) 〈가격〉
- how many+셀 수 있는 명사: 몇 개(의) 〈수량〉
- how much+셀 수 없는 명사: 얼마(의) 〈양〉

How tall is her brother?
How long does it take to get to the mall?

핵심 how long은 '얼마나 긴, 얼마나 오래'의 의미로 길이, 기간을 묻는 표현이다.

07 시간의 전치사 / 장소의 전치사

다음 빈칸에 들어갈 말이 나머지와 다른 것을 고르시오.

① I was born _____ 1999.
② We have no class _____ Sundays.
③ There are some flowers _____ the vase.
④ Mr. Song is a famous singer _____ Korea.
⑤ Leaves become red _____ autumn.

08 현재진행형 / 미래시제(be going to)

다음 중 보기 의 밑줄 친 부분과 쓰임이 같은 것을 고르시오.

> 보기 Are you going to the band's concert?

① It is going to rain later.
② She is going to the hospital.
③ Jenny is going to visit her uncle.
④ Minsoo is going to move to Jeonju.
⑤ Dad is going to cook dinner for us.

시간의 전치사

at	(구체적인 시각·시점)에	at 5:30, at noon, at night
on	(날짜, 요일, 특정한 날)에	on Friday, on May 5th, on my birthday
in	(오전/오후, 월, 계절, 연도)에	in the morning, in October, in the evening

I will go to Australia **in** *January*.
Dad wakes up **at** *6 a.m.* every morning.
The library closes **on** *Mondays*.

장소의 전치사

in	(공간의 내부, 도시, 국가)에	in a box, in a room, in London, in China
at	(장소의 한 지점)에	at home, at school, at the store, at the bus stop
on	~ 위에	on the floor,

I live **in** *Seoul*.
Nick left his umbrella **at** *school*.
There is a painting **on** *the wall*.

> **핵심** 전치사 in은 연도, 계절 등 비교적 긴 시간 앞이나 공간의 내부, 국가 앞에 쓰인다. 요일 앞에는 전치사 on을 쓴다.

현재진행형

「be동사의 현재형(am/are/is)+v-ing」의 형태이며, be동사는 주어의 인칭과 수에 맞게 쓴다.
She **is making** dinner for her family.
The kids **are washing** their hands.

미래시제(be going to)

미래시제를 나타내는 be going to는 뒤에 동사원형이 오며 '~할 예정이다', '~할 것이다'라는 의미로, 이미 정해 놓은 미래의 계획이나 미래에 대한 예측을 나타낸다. 이때 주어의 인칭과 수에 따라 be동사를 맞춰 쓴다.
I **am going to** visit her this afternoon.
She **was going to** make a cake for me.

> **핵심** be going to 뒤에 명사가 있으면 '~로 가고 있다'의 의미를 나타내는 현재진행형 문장이고, be going to 뒤에 동사원형이 있으면 미래의 일을 나타내는 조동사이다.

09 비교 표현

다음 중 어법상 <u>틀린</u> 것을 고르시오.

① Her sister is much taller than her.
② Your room is not as bigger as mine.
③ Hugh is more handsome than David.
④ This is the hottest place in the world.
⑤ The final exam was easier than the midterm exam.

비교 표현

원급 비교

「as+원급+as」: ~만큼 …한[하게]
I am **as tall as** my sister.

비교급 비교

「비교급+than」: ~보다 더 …한[하게]
She runs **faster than** me.

최상급 비교

「the+최상급」: 가장 ~한
「one of the+최상급+복수명사」: 가장 ~한 … 중의 하나
Mount Everest is **the highest** mountain in the world.
This is **one of the oldest buildings** in the world.

핵심 '~만큼 …한[하게]'의 의미를 나타내는 원급 비교는 「as+원급+as」 형태로 나타낸다.

10 문장의 형식

다음 중 어법상 옳은 것끼리 바르게 짝지어진 것을 고르시오.

a. Tom wanted me carry his bag.
b. Eric showed his poem to me.
c. Tina told to me her secret.
d. I allowed him to use my laptop.

① a, b
② a, c
③ a, d
④ b, c
⑤ b, d

문장의 형식

목적어가 두 개 필요한 동사 (4형식)

give, buy, bring, send, show, write, cook 등의 수여동사는 「주어+수여동사+간접목적어+직접목적어」의 어순으로 쓰며, 전치사를 이용하여 3형식 문장으로 전환할 수 있다.
I *gave* <u>my girlfriend</u> <u>some flowers</u>. 〈4형식〉
　　　　간접목적어　　　　직접목적어

I *gave* <u>some flowers</u> to <u>my girlfriend</u>. 〈3형식〉
　　　　직접목적어　　　　　간접목적어

목적격보어로 to부정사를 취하는 동사 (5형식)

「주어+동사+목적어+목적격보어」의 5형식 문장에서, want, tell, order, ask, expect, advise, allow 등의 동사는 목적격보어로 to부정사를 취한다.
Dad *told* me **to come** home early

핵심 동사 want와 allow는 목적격보어로 to부정사를 취한다. 동사 show 는 3형식 문장에서 전치사 to를 쓰며, 동사 tell은 4형식 문장에서 「tell+간접목적어+직접목적어」의 어순으로 쓴다.

11 「감각동사+형용사」 (2형식)

다음 중 빈칸에 들어갈 수 <u>없는</u> 것을 고르시오.

> Tom looks _____ with his new glasses on.

① good
② strange
③ smart
④ nice
⑤ differently

12 접속사 if

다음 중 밑줄 친 부분의 쓰임이 나머지와 <u>다른</u> 것을 고르시오.

① Let's go out tonight <u>if</u> you are free.
② The store will be closed <u>if</u> we don't hurry.
③ I'm not sure <u>if</u> he believes me or not.
④ <u>If</u> you need help, please let me know.
⑤ <u>If</u> it snows tomorrow, we'll make a snowman.

「감각동사+형용사」 (2형식)

주어	+	look 보이다 smell 냄새가 나다 feel 느낌이 들다 sound 들리다 taste 맛이 나다 seem ~인 것 같다	+	형용사

The bird **looks** beautiful.
It **sounds** good.
The steak **smells** good.
The cake **tastes** sweet.

핵심 동사 look 뒤에는 형용사가 보어로 온다.

접속사 if

조건의 부사절을 이끄는 접속사 if: 만약 ~라면
If she comes tomorrow, I'll buy her dinner.
If it is sunny this Sunday, we'll go hiking.

명사절을 이끄는 접속사 if: ~인지 (아닌지)
I don't know **if** Jamie is in the library.
I wonder **if** it will rain tomorrow.

핵심 if가 이끄는 절이 '만약 ~한다면'의 의미이면 조건을 나타내는 접속사,
'~인지 아닌지'의 의미이면 명사절을 이끄는 접속사로 쓰인 것이다.

13 부정대명사 one / 인칭대명사 it

다음 빈칸에 들어갈 말이 바르게 짝지어진 것을 고르시오.

> A: My sister gave me this purse. She got a new
>   _____ .
>
> B: _____ looks cool. I envy you.

① ones – One
② one – Ones
③ one – It
④ it – One
⑤ ones – They

14 동명사와 to부정사를 목적어로 취하는 동사

다음 중 밑줄 친 부분이 어법상 틀린 것을 고르시오.

① He is thinking about quitting his job.
② Actually, I planned to leave tonight.
③ They promised not to be late again.
④ She practiced making apple pies.
⑤ I felt sorry for attending not the meeting.

부정대명사 one

앞에 나온 명사와 같은 종류의 불특정한 사물을 가리킬 때 사용된다. 가리키는 것이 단수명사일 때는 one, 복수명사일 때는 ones를 쓴다.

I need a blue pen. Can you lend **one** to me?
                                    = a blue pen

She has pretty earrings. I want the same **ones**.
                                    = earrings

인칭대명사 it

'그것'의 의미이며, 앞에 나온 특정한 사물을 가리킬 때 사용한다.

This coat is too small. I can't wear **it**.
                                    = this coat

핵심 앞에 나온 명사와 같은 종류의 불특정한 사물을 가리킬 때는 one, 특정한 사물을 가리킬 때는 it을 사용한다.

동명사와 to부정사를 목적어로 취하는 동사

동명사를 목적어로 취하는 동사	enjoy, avoid, mind, finish, keep, give up, quit, practice, consider, suggest 등
to부정사를 목적어로 취하는 동사	want, agree, decide, expect, hope, learn, offer, promise, refuse, seem, wish, plan 등

She *enjoys* dancing. 〈동사의 목적어〉
He thought *about* moving to LA. 〈전치사의 목적어〉
I'm sorry *for* **not visiting** you.
I *hope* **to visit** her house. 〈동사의 목적어〉
We *decided* **not to go** there.

전치사의 목적어로는 동명사가 쓰이며, 동명사나 to부정사 앞에 not이나 never를 붙여 부정형을 만든다.

핵심 동명사를 부정할 때는 동명사 앞에 not이나 never를 쓴다.

15 동명사의 관용 표현

다음 우리말과 일치하도록 빈칸에 알맞은 것을 고르시오.

> 나는 지금 나가고 싶지 않다.
>
> → I don't _____ out now.

① feeling go
② feeling going
③ feel going like
④ feel like to go
⑤ feel like going

16 비인칭주어 it / 인칭대명사 it

다음 빈칸에 공통으로 들어갈 말을 쓰시오.

> A: _____ is very cold today. Can you turn on the heater?
> B: Sorry. _____ doesn't work.

정답 _____

동명사의 관용 표현

동명사를 이용하여 자주 쓰이는 표현은 go v-ing(~하러 가다), feel like v-ing(~하고 싶다) 등이 있다.
He will **go fishing** on Friday.
She didn't **feel like talking** to him.

핵심 '~하고 싶다'는 feel like v-ing로 나타낸다.

비인칭주어 it

비인칭주어 it은 시간, 날짜, 요일, 날씨, 계절, 거리를 나타낼 때 쓸 수 있다.
What time is it now? – It's 7 p.m. 〈시간〉
How is the weather? – It's sunny. 〈날씨〉
How far is it? – It's 10 kilometers away. 〈거리〉

인칭대명사 it

'그것'의 의미이며, 앞에 나온 특정한 사물을 가리킬 때 사용한다.
This coat is too small. I can't wear it.
                              = this coat

핵심 날씨를 나타낼 때는 비인칭주어 it을, 앞에 언급된 특정한 사물을 가리킬 때는 인칭대명사 it을 쓴다.

17 비교급의 형태

다음 우리말과 일치하도록 주어진 단어를 활용하여 문장을 완성하시오.

Jake는 Sandy보다 더 무겁다. (heavy)
→ Jake is _____ than Sandy.

정답 _____

비교급의 형태

형용사와 부사의 비교급 형태

대부분의 단어	원급+-er	short → shorter
-e로 끝나는 단어	원급+-r	large → larger
단모음+단자음으로 끝나는 단어	자음을 한 번 더 쓰고+-er	big → bigger
-y로 끝나는 단어	y를 i로 바꾸고+-er	happy → happier

일부 2음절 단어와 3음절 이상의 단어는 「more+원급」으로 나타낸다.

핵심 heavy처럼 y로 끝나는 단어는 y를 i로 바꾸고 -er을 붙여 비교급을 만든다.

18 시간을 나타내는 종속접속사

다음 두 문장이 같은 뜻이 되도록 빈칸에 들어갈 알맞은 접속사를 보기에서 골라 쓰시오.

보기 Before   After   While   Because

Fred played computer games. Then he did his homework.
= _____ Fred played computer games, he did his homework.

정답 _____

시간을 나타내는 종속접속사

when: ~할 때	before: ~ 전에
after: ~ 후에	while: ~하는 동안
until: ~할 때까지	

When I was a student, I liked history.
I have to go home **before** it gets dark.
We went to the theater **after** we had dinner.
While you were sleeping, I watched a movie.

핵심 '~한 후에'의 의미로 일어난 일의 순서를 나타낼 때는 접속사 after를 쓴다.

19 재귀대명사

다음 우리말과 일치하도록 밑줄 친 부분을 바르게 고쳐 쓰시오.

> Betty는 그녀 자신의 사진을 찍었다.
> → Betty took a picture of her.

정답 _____

재귀대명사

'~ 자신'이라는 의미로, 주어가 주어 자신에게 행위를 할 때나 주어의 행위를 강조할 때 사용한다.

	단수	복수
1인칭	myself	ourselves
2인칭	yourself	yourselves
3인칭	himself/herself/itself	themselves

You should take care of **yourself**.
My dad **himself** made the spaghetti.

핵심 주어와 목적어가 같을 때, 동사나 전치사의 목적어 자리에 재귀대명사를 쓴다.

---

20 to부정사의 형용사적 용법

다음 우리말과 일치하도록 주어진 단어를 바르게 배열하시오.

> 너는 중요한 말할 거리가 있니?
> (important, to say, have, anything)

정답 Do you _____
_____?

---

to부정사의 형용사적 용법

to부정사가 형용사처럼 (대)명사를 수식하여 '~하는, ~할'이라는 의미를 나타낸다. to부정사는 (대)명사를 뒤에서 수식한다.

I have some work to finish tonight.

대명사가 -thing, -one, -body로 끝날 때, 형용사와 to부정사가 함께 수식하는 경우에는 「-thing/-one/-body]+형용사+to부정사」의 순서로 쓴다.

I want *something cold* **to drink**.

핵심 -thing으로 끝나는 대명사를 형용사와 to부정사가 같이 꾸며주는 경우, 「-thing+형용사+to부정사」의 어순으로 쓴다.

01 be동사의 과거형

다음 빈칸에 들어갈 말이 나머지와 <u>다른</u> 것을 고르시오.

① This road _____ narrow before.
② You _____ very short five years ago.
③ I _____ at the shopping mall last night.
④ _____ she late for class last week?
⑤ Noah _____ with his girlfriend yesterday.

02 지시대명사 that / 지시형용사 that

다음 중 [보기]의 밑줄 친 부분과 쓰임이 같은 것을 고르시오.

> [보기] I can see <u>that</u>!

① I remember <u>that</u> picture.
② Is <u>that</u> your brother?
③ <u>That</u> bus goes to my home.
④ Please give <u>that</u> pen to me.
⑤ I don't want <u>that</u> blue blouse.

---

be동사의 과거형

단수	I	was
	you	were
	he/she/it	was
복수	we	were
	you	
	they	

I **was** in Canada last summer.
We **were** at the park two hours ago.

핵심 주어가 1인칭 단수나 3인칭 단수일 때 be동사의 과거형은 was, 2인칭 단수나 복수일 때는 were를 쓴다.

지시대명사 that

'저것, 저 사람'이라는 의미로 멀리 있는 사물이나 사람을 가리킨다. 가리키는 대상이 둘 이상이면 those를 쓴다.
Look at **that**! It is a rainbow.
Those are Jack's pictures.

지시형용사 that

'저 ~'라는 의미로 명사 앞에서 형용사처럼 명사를 꾸며준다. 단수명사 앞에는 that, 복수명사 앞에는 those를 쓴다.
That car is nice.
I like **those** flowers.

핵심 that이 단독으로 쓰이면 지시대명사, 명사와 함께 쓰이면 지시형용사이다.

03 형용사와 부사의 쓰임 구분

다음 빈칸에 들어갈 말이 바르게 짝지어진 것을 고르시오.

- That was an _____ question.
- You can solve that question _____.

① easy – easy
② easy – easily
③ ease – easier
④ easily – easy
⑤ easily – easily

04 명사의 수량 표현

다음 중 밑줄 친 부분이 어법상 틀린 것을 고르시오.

① There are three piece of cake on the table.
② She brought a bottle of wine.
③ Ted bought a pair of pants and a shirt last week.
④ I ate two bowls of soup.
⑤ He needs two slices of cheese.

형용사와 부사의 쓰임 구분

형용사는 (대)명사를 수식하거나, 주어나 목적어를 보충 설명하는 보어의 역할을 한다.
I bought a **new** *bike*. 〈명사 수식〉
My girlfriend is **pretty**. 〈주격보어〉
My dog makes *me* **happy**. 〈목적격보어〉

부사는 동사, 형용사, 다른 부사, 문장 전체를 수식하여 의미를 더해준다.
My grandfather *talks* **slowly**. 〈동사 수식〉
I heard the news. It was **very** *sad*. 〈형용사 수식〉
She walks **really** *fast*. 〈부사 수식〉
Unfortunately, *I can't go to your party*. 〈문장 전체 수식〉

핵심 명사를 수식할 때는 형용사를 쓰고, 동사를 수식할 때는 부사를 쓴다.

명사의 수량 표현

셀 수 없는 명사의 수량 표현
셀 수 없는 명사는 「수량+단위 명사+of+셀 수 없는 명사」의 형태로 수량을 표현할 수 있다.
여러 개의 수량을 나타낼 때는 단위 명사만 복수형으로 쓰고 셀 수 없는 명사는 복수형으로 쓰지 않는다.

> **a cup of** coffee 커피 한 잔
> **a glass of** water 물 한 잔
> **a bottle of** wine 와인 한 병
> **a loaf of** bread 빵 한 덩어리
> **two pieces of** cake 케이크 두 조각
> **two slices of** cheese 치즈 두 장
> **two bowls of** soup 수프 두 그릇

한 쌍을 이루는 명사의 수량 표현
glasses, jeans, pants, scissors, shoes 등은 pair를 이용하여 수량을 표현한다.
I bought **a pair of** *pants*.
I gave him **two pairs of** *shoes*.

핵심 셀 수 없는 명사의 수량이 둘 이상인 경우 단위를 복수형으로 쓴다.

05 의문사가 있는 의문문

다음 중 어법상 **틀린** 것을 고르시오.

① Where is he from?
② How was your birthday party?
③ Who is know the answer?
④ When does the concert start?
⑤ What do you think about this painting?

의문사가 있는 의문문

'누가, 무엇을, 어떤, 언제, 어디서, 왜, 어떻게'와 같은 정보를 물을 때 쓰는 말로, 의문사로 시작하는 의문문은 「의문사+동사[be동사/do동사/조동사]+주어 ~?」의 형태로 쓴다.

What was your question?
When did you graduate from high school?

의문사가 주어인 의문문은 「의문사(주어)+동사 ~?」의 어순으로 쓰며, 이때 의문사 주어는 3인칭 단수 취급한다.

Who *plays* the guitar every night?
What *is* in this box?

핵심 의문사가 주어인 의문문에서는 be동사나 do동사 없이 「의문사(주어)+동사 ~?」의 어순으로 쓴다.

06 최상급을 이용한 표현

다음 우리말을 영어로 바르게 옮긴 것을 고르시오.

> Jade는 우리 반에서 가장 인기 있는 학생 중 한 명이다.

① Jade is one of the popular student in my class.
② Jade is one of the most popular students in my class.
③ Jade is one of the most popular student in my class.
④ Jade is one of most popular student in my class.
⑤ Jade is one of most popular students in my class.

최상급을 이용한 표현

「one of the+최상급+복수명사」: 가장 ~한 … 중의 하나
This is **one of the oldest buildings** in the world.
He is **one of the most famous chefs** in Korea.

핵심 '가장 ~한 … 중의 하나'는 「one of the+최상급+복수명사」로 나타낸다.

07 수량형용사

다음 각 네모 안에서 어법상 알맞은 것끼리 짝지어진 것을 고르시오.

- I didn't have many / much time, so I skipped lunch.
- There are a few / a little students in the classroom.
- He had few / little luck, so he didn't get the job.

① many – a few – few
② many – a little – little
③ much – a few – little
④ much – a few – few
⑤ much – a little – few

수량형용사

셀 수 있는 명사의 복수형 앞	셀 수 없는 명사	의미
a few	a little	조금 있는, 약간의
few	little	거의 없는
many	much	많은
a lot of / lots of		

There are **a few** *books* in the room.
We get **little** *snow* in our town.
My brother has **many[a lot of / lots of]** *friends*.
I cannot afford it now. I don't have **much[a lot of / lots of]** *money*.

핵심 셀 수 있는 명사의 복수형 앞에는 **many, (a) few**를, 셀 수 없는 명사 앞에는 **much, (a) little**이 온다.

08 현재시제

다음 중 빈칸에 알맞은 것을 고르시오.

Water _____ at 0℃.

① freeze
② freezes
③ froze
④ freezing
⑤ will freezes

현재시제

현재시제는 현재의 상태나 사실, 습관이나 반복되는 일, 변하지 않는 사실이나 진리 등을 나타낼 때 쓴다. be동사 또는 일반동사의 현재형으로 나타낸다.
I **am** 14 years old. 〈현재의 사실〉
My dad **exercises** every morning. 〈습관이나 반복되는 일〉
The sun **rises** in the east. 〈변하지 않는 과학적 사실〉

핵심 변하지 않는 과학적 사실이나 진리는 현재시제로 쓴다.

09 4형식 문장의 3형식 전환

다음 4형식 문장을 3형식 문장으로 바르게 옮기지 <u>않은</u> 것을 고르시오.

① James sent me an email.
　→ James sent an email to me.
② Eunbi made me some cookies.
　→ Eunbi made some cookies for me.
③ Amy showed us her new wallet.
　→ Amy showed her new wallet for us.
④ My grandparents gave me a present.
　→ My grandparents gave a present to me.
⑤ Mom bought me a nice skirt.
　→ Mom bought a nice skirt for me.

10 장소와 시간의 전치사

다음 빈칸에 공통으로 들어갈 말을 고르시오.

> • Please put these spoons _____ the table.
> • What are you doing _____ your birthday?

① in
② for
③ on
④ at
⑤ to

4형식 문장의 3형식 전환

「주어+수여동사+간접목적어+직접목적어」 어순의 4형식 문장은 「주어+수여동사+직접목적어+to/for/of+간접목적어」 어순의 3형식 문장으로 전환할 수 있다.

to를 쓰는 동사	give, tell, send, offer, bring, teach, show, sell, lend, pay 등
for를 쓰는 동사	make, buy, get, cook, find 등
of를 쓰는 동사	ask

I *gave* **my girlfriend some flowers**. 〈4형식〉
　　　　간접목적어　　　　직접목적어

I *gave* **some flowers** to **my girlfriend**. 〈3형식〉
　　　직접목적어　　　　간접목적어

핵심 동사 show는 4형식 문장에서 3형식으로 전환될 때 전치사 to를 쓴다.

장소의 전치사

in	(공간의 내부, 도시, 국가)에	**in** a box, **in** a room, **in** London, **in** China
at	(장소의 한 지점)에	**at** home, **at** school, **at** the store, **at** the bus stop
on	~ 위에	**on** the floor

I live **in** *Seoul*.
Nick left his umbrella **at** *school*.
There is a painting **on** *the wall*.

시간의 전치사

at	(구체적인 시각·시점)에	**at** 3 o'clock, **at** noon, **at** night
on	(요일, 날짜, 특정한 날)에	**on** Friday, **on** May 5th, **on** New Year's Day
in	(오전/오후, 월, 계절, 연도)에	**in** the morning, **in** October, **in** winter, **in** 2024

I will go to Australia **in** *January*.
Dad wakes up **at** *6 a.m.* every morning.
The library closes **on** *Mondays*.

핵심 전치사 on은 접촉해 있는 장소의 위, 또는 특정한 날 앞에 쓰인다.

11 to부정사의 명사적 용법

다음 중 보기의 밑줄 친 부분과 쓰임이 같은 것을 고르시오.

> 보기 I hope to study law at this university.

① I came here to see my son.
② We decided to go camping.
③ They were sad to hear the news.
④ Amy went to the hair salon to get a haircut.
⑤ Jihoon grew up to be a famous singer.

to부정사의 명사적 용법

to부정사가 명사처럼 문장에서 주어, 목적어, 보어의 역할을 한다. 주어 역할을 하는 to부정사가 길어지는 경우, to부정사(구)를 뒤로 보내고 주어 자리에 가주어 it을 쓴다.

To write in my diary every day is my goal. 〈주어〉
→ It is my goal **to write** in my diary every day.
　　가주어　　　　　　　　　　　　진주어

I plan **to go** fishing this Sunday. 〈목적어〉
Our aim is **to help** poor people. 〈주격보어〉
I asked him **to clean** the fan. 〈목적격보어〉

핵심 to부정사가 문장에서 주어, 목적어, 보어의 역할을 하면 명사적 용법이다.

12 조동사의 부정문과 의문문

다음 중 어법상 옳은 것끼리 바르게 짝지어진 것을 고르시오.

> a. Can he goes camping with us?
> b. Eric has to not go to work today.
> c. What should I eat for lunch?
> d. You should not worried about small things.
> e. You must not lie to your parents.

① a, b
② b, d
③ b, e
④ c, d
⑤ c, e

조동사의 부정문

「조동사+not+동사원형」의 형태로 쓴다. be able to, be going to의 부정문은 be동사 뒤에 not을 붙이고, have to의 부정은 don't have to로 쓴다.

I won't (= will not) *tell* your secret to anyone.
I am not going to *visit* her this afternoon.

조동사의 의문문

「(의문사+)조동사+주어+동사원형 ~?」의 형태로 쓴다. be able to, be going to의 의문문은 「(의문사+)be동사+주어+able[going] to+동사원형 ~?」으로, have to의 의문문은 「(의문사+)Do[Does/Did]+주어+have to+동사원형 ~?」으로 쓴다.

Can I *use* your computer?
Do I **have to** *wait* here?

핵심 조동사의 의문문과 부정문의 형태, 조동사 have to의 부정문의 형태에 유의한다.

13 동명사 / 현재진행형

다음 중 밑줄 친 부분의 쓰임이 나머지와 <u>다른</u> 것을 고르시오.

① I love <u>cooking</u> pasta.
② How about <u>going</u> camping this weekend?
③ He finally finished <u>cleaning</u> the house.
④ One of my bad habits is <u>eating</u> meals too fast.
⑤ The kids are <u>playing</u> online games now.

14 부가의문문

다음 중 어법상 옳은 것의 개수를 구하시오.

a. You need money, is you?
b. Open the window, will you?
c. Norah is a great singer, isn't she?
d. Jimmy is taller than you, aren't you?
e. The children are playing in the playground, aren't they?

① 1개   ② 2개   ③ 3개   ④ 4개   ⑤ 5개

동명사

「동사원형+-ing」의 형태로, 문장에서 명사처럼 주어, 목적어, 보어의 역할을 한다.
Skiing is my hobby. 〈주어〉
She *enjoys* **teaching** students. 〈동사의 목적어〉
We talked *about* **buying** a new desk. 〈전치사의 목적어〉
His job is **fixing** computers. 〈보어〉

현재진행형

「be동사의 현재형+v-ing」의 형태로, 지금 일이 진행되고 있음을 나타낸다.
The kids **are washing** their hands.

핵심 동명사는 문장에서 주어, 목적어, 보어의 역할을 하면서 '~하는 것'으로 해석되고, 현재진행형은 be동사와 함께 쓰여 '~하는 중이다'의 의미를 나타낸다.

부가의문문

부가의문문 만드는 방법

① 부가의문문은 「~, 동사+주어?」의 형태로 쓴다.
② 긍정의 평서문 뒤에는 부정의 부가의문문을, 부정의 평서문 뒤에는 긍정의 부가의문문을 쓴다.
③ 평서문에 be동사·조동사가 쓰였으면 그대로 쓰고, 일반동사가 쓰였으면 do동사를 쓴다. 시제는 평서문의 시제와 일치시키며, 부정의 부가의문문은 축약형으로 쓴다.
④ 부가의문문의 주어를 대명사로 바꾼다.

단, 명령문 뒤에는 부가의문문으로 will you?를, 「Let's+동사원형 ~」 뒤에는 shall we?를 쓴다.

핵심 평서문의 동사가 일반동사이면 부가의문문에는 do동사를 쓰며, 평서문의 주어를 대명사로 바꾸어 부가의문문의 주어를 만든다.

15 목적격보어로 to부정사를 취하는 동사 (5형식)

다음 중 문장의 형식이 나머지와 <u>다른</u> 것을 고르시오.

① I will expect to hear from you soon.
② They asked me to bring some food.
③ I told him to lock the door.
④ They didn't allow me to take pictures.
⑤ She wants me to buy a scarf.

목적격보어로 to부정사를 취하는 동사 (5형식)

「주어+동사+목적어+목적격보어」로 이루어진 문장을 5형식이라고 한다. 목적격보어는 목적어의 성질·상태를 보충 설명해주는 말이며, 명사(구), 형용사(구), to부정사(구), 동사원형 등이 올 수 있다.
want, tell, order, ask, expect, advise, allow 등의 동사가 5형식 문장에서 목적격보어로 to부정사를 취한다.
Dad *told* me **to come** home early
I *want* you **to set** a goal.

핵심 동사 expect는 3형식 문장에서 목적어로 to부정사를 취한다.

16 조동사 used to

다음 우리말과 일치하도록 주어진 단어를 활용하여 빈칸에 알맞은 말을 쓰시오. (3단어로 쓸 것)

산 속에 호랑이가 많았다. (used, be)
→ There _____ a lot of tigers in the mountains.

정답 _____

조동사 used to

used to 뒤에 동사원형이 오면 '~하곤 했었다, (전에는) ~이었다'는 의미로 과거의 습관이나 상태를 나타내며, '지금은 그렇지 않다'라는 뜻을 포함하고 있다. '~하곤 했다'의 의미로 쓰일 땐 would로 바꿔 쓸 수 있다.
I **used to do** yoga early in the morning. 〈과거의 습관〉
There **used to be** a flower shop here. 〈과거의 상태〉

핵심 '(전에는) ~이었다'의 의미는 조동사 used to를 써서 나타낸다.

17 「명령문+and/or」

다음 우리말과 일치하도록 빈칸에 알맞은 말을 쓰시오.

> 서둘러, 그렇지 않으면 학교에 늦게 될 거야.
> → Hurry up, _____ you will be late for
> school.

정답 _____

18 동명사의 목적어 역할

다음 중 **잘못된** 부분을 찾아 바르게 고쳐 쓰시오.

> A: Hey! Stop running in the library.
> B: Oh, I'm sorry for bother you. I won't do it again.

정답 _____ → _____

「명령문+and/or」

「명령문+and ~」는 '…해라, 그러면 ~할 것이다'의 의미를, 「명령문+or ~」는
'…해라, 그렇지 않으면 ~할 것이다'의 의미를 나타낸다.

Exercise regularly, **and** you'll be healthier.
Eat something now, **or** you will be hungry later.

핵심 '…해라, 그렇지 않으면 ~할 것이다'의 의미는 「명령문+or ~」 구문으로
나타낸다.

동명사의 목적어 역할

동명사는 enjoy, avoid, mind, finish, keep, give up, quit,
practice, consider 등의 동사나 전치사의 목적어로 쓰인다. 부정형은
동명사 앞에 not을 써서 나타낸다.
She *enjoys* **dancing**. 〈동사의 목적어〉
He thought *about* **moving** to LA. 〈전치사의 목적어〉
I'm sorry *for* **not visiting** you. 〈부정형〉

핵심 전치사의 목적어로는 동사원형이 아닌 동명사가 온다.

19 빈도부사

다음 우리말과 일치하도록 주어진 단어를 바르게 배열하시오.

우리는 차에서 항상 안전벨트를 해야 한다.
(should, a seat belt, always, wear)

정답 We _____

_____ in the car.

빈도부사

빈도부사는 동사의 종류에 따라 위치가 달라지며, 대개 be동사나 조동사의
뒤, 일반동사의 앞에 온다.

0%				100%
never	sometimes	often	usually	always
(결코 ~않다)	(가끔)	(자주)	(대개, 보통)	(항상)

Jane *is* **always** kind. 〈be동사 뒤〉
I *will* **never** be late again. 〈조동사 뒤〉
We **often** *eat* chicken. 〈일반동사 앞〉

핵심 빈도부사는 조동사의 뒤에 온다.

20 과거진행형의 의문문

다음 주어진 문장을 의문문으로 바꿔 쓰시오.

The girls were dancing on stage.

정답 _____

과거진행형의 의문문

과거진행형은 「be동사의 과거형+v-ing」의 형태로 과거 어느 시점에 일이 진
행되고 있었음을 나타낼 때 쓰며, 의문문은 「be동사의 과거형+주어+v-ing
~?」의 형태로 쓴다.
Eric **was watching** TV last night.
We **were swimming** in the river this morning.
Were you **reading** a newspaper? 〈의문문〉

핵심 과거진행형의 의문문은 「be동사의 과거형+주어+v-ing ~?」의 형태로
쓴다.

01 조동사의 쓰임

다음 중 밑줄 친 부분이 어법상 **틀린** 것을 고르시오.

① We <u>can go</u> shopping this afternoon.
② You <u>shouldn't tell</u> a lie.
③ They <u>were able to see</u> the sunrise yesterday.
④ My mother <u>have to go</u> to the dentist.
⑤ Ethan <u>may join</u> our soccer club.

조동사의 쓰임

조동사는 동사원형 앞에 쓰여 미래, 가능, 허가, 추측, 의무, 충고 등의 의미를 더해준다. 부정문은 「조동사+not+동사원형」, 의문문은 「(의문사+)조동사+주어+동사원형 ~?」 형태로 쓴다.

조동사는 주어에 따라 그 형태가 변하지 않는다. 단, be going to, be able to, have to는 주어의 인칭과 시제에 따라 형태가 변한다.
She **was going to** make a cake for me.
Debby **has to** finish her work by Friday.

핵심 '~해야 한다'의 의미를 나타내는 조동사 have to는 주어의 인칭과 시제에 따라 형태를 바꿔 쓴다.

02 현재진행형

다음 문장을 현재진행형으로 **잘못** 고친 것을 고르시오.

① They sell flowers.
  → They are selling flowers.
② Lewis talks on the phone.
  → Lewis is talking on the phone.
③ The cat sleeps on the sofa.
  → The cat is sleeping on the sofa.
④ I make some pancakes.
  → I am making some pancakes.
⑤ Jessica runs in the park.
  → Jessica is runing in the park.

현재진행형

현재진행형은 「be동사의 현재형+v-ing」의 형태이다.

동사의 진행형(v-ing) 만드는 방법

대부분의 동사	동사원형+-ing	walking, going
-e로 끝나는 동사	e를 빼고+-ing	coming, making
-ie로 끝나는 동사	ie를 y로 바꾸고+-ing	die → dying lie → lying
단모음+단자음으로 끝나는 동사	마지막 자음을 한 번 더 쓰고+-ing	run → running stop → stopping

핵심 run 같이 단모음+단자음으로 끝나는 동사는 자음을 한 번 더 쓰고 -ing를 붙여 진행형으로 만든다.

03 정관사 the의 쓰임

다음 빈칸에 공통으로 들어갈 말을 고르시오.

> - I want to go to _____ moon in the future.
> - He played _____ guitar on the street.

① a
② an
③ the
④ than
⑤ that

정관사 the의 쓰임

앞에서 언급된 것을 나타낼 때	He bought *a book*. **The** book is interesting.
수식어구로 인해 가리키는 대상이 명확할 때	**The** pen *on your desk* is mine.
말하는 사람과 듣는 사람 모두 그 대상을 알 때	Will you open **the** *door*?
유일한 자연물, play/ practice와 쓰이는 악기 이름, 일부 매체	**The** *sun* is bigger than **the** *earth*. He *played* **the** *piano* for her. I heard the news on **the** *radio*.

핵심 유일한 자연물이나 악기 이름 앞에는 정관사 the를 쓴다.

04 비인칭주어 it

다음 중 밑줄 친 it[It]의 쓰임이 나머지와 <u>다른</u> 것을 고르시오.

① Is <u>it</u> your book?
② <u>It</u>'s my new computer.
③ Where did you find <u>it</u>?
④ Go to bed. <u>It</u>'s almost midnight.
⑤ Look at that cat! <u>It</u> has yellow eyes.

비인칭주어 it

비인칭 주어 it은 시간, 날짜, 요일, 날씨, 계절, 거리를 나타낼 때 쓸 수 있다.

> What time is **it** now? – **It**'s 7 p.m. 〈시간〉
> How is the weather? – **It**'s sunny. 〈날씨〉
> How far is **it**? – **It**'s 10 kilometers away. 〈거리〉

핵심 비인칭주어 it은 별다른 뜻 없이 해석하지 않으며, '그것'을 의미하는 대명사와 구분한다.

05 비교급과 최상급의 형태

다음 중 원급-비교급-최상급의 형태가 바르게 짝지어지지 않은 것을 고르시오.

① safe – safer – safest
② hot – hotter – hottest
③ dirty – dirtier – dirtiest
④ useful – usefuler – usefulest
⑤ famous – more famous – most famous

비교급과 최상급의 형태

형용사/부사의 비교급과 최상급 만드는 방법

	비교급	최상급
대부분의 단어	원급+-er	원급+-est
-e로 끝나는 단어	원급+-r	원급+-st
단모음+단자음으로 끝나는 단어	자음을 한 번 더 쓰고+-er	자음을 한 번 더 쓰고+-est
-y로 끝나는 단어	y를 i로 바꾸고+-er	y를 i로 바꾸고+-est
일부 2음절 단어와 3음절 이상의 단어	more+원급	most+원급

핵심 useful, famous는 단어 앞에 more나 most를 붙여서 비교급이나 최상급을 만든다.

06 부정대명사 some, any

다음 빈칸에 들어갈 말이 바르게 짝지어진 것을 고르시오.

> A: Do you have _____ good ideas for our team project?
> B: Yes, I have _____.

① it – some
② any – it
③ some – it
④ any – some
⑤ some – any

부정대명사 some, any

some과 any는 '약간(의), 얼마간(의), 어떤'이라는 뜻으로, 대명사나 형용사로 사용될 수 있다.
some은 대개 긍정문과 다른 사람에게 무언가를 권유하는 문장에서 사용되며, any는 부정문과 의문문에서 사용된다.
Those apples look fresh. I want to buy **some**. 〈긍정문〉
Do you want **some** coffee? 〈권유문〉
I need some pens. I don't have **any**. 〈부정문〉
Do you have **any** plans for the weekend? 〈의문문〉

핵심 보통 some은 긍정문과 권유문에, any는 부정문과 의문문에 쓰인다.

07 to부정사의 형용사적 용법

다음 중 보기 의 밑줄 친 부분과 쓰임이 같은 것을 고르시오.

> 보기 I have a problem to solve.

① I need something to drink.
② You have to work out to be healthy.
③ I'm scared to take the exam.
④ The girl grew up to be a famous author.
⑤ I want to go to Paris to see the Eiffel Tower.

08 동명사의 쓰임

다음 중 어법상 틀린 것을 고르시오.

① He is interested in baking bread.
② The movie is about traveling in space.
③ I'm sorry for not telling the truth.
④ Walking is good for your health.
⑤ My bad habit is waking not up early.

---

to부정사의 형용사적 용법

to부정사가 형용사처럼 (대)명사를 수식하여 '~하는, ~할'의 의미를 나타낸다.
to부정사는 (대)명사를 뒤에서 수식한다.

I have some work to finish tonight.

Sydney is a nice place to visit.

핵심 형용사적 용법으로 쓰이는 to부정사는 (대)명사를 뒤에서 수식한다.

동명사의 쓰임

동명사는 「동사원형+-ing」의 형태로, 문장에서 명사처럼 주어, 목적어, 보어의 역할을 할 수 있다.
Skiing is my hobby. 〈주어〉
She *enjoys* teaching students. 〈동사의 목적어〉
We talked *about* buying a new desk. 〈전치사의 목적어〉
His dream is being a doctor. 〈보어〉

동명사의 부정형은 「not[never]+v-ing」의 형태로, 동명사 앞에 not 또는 never를 써서 나타낸다.
She doesn't like **not being** on time.

핵심 동명사의 부정형은 동명사 앞에 not이나 never를 써서 나타낸다.

09 부가의문문

다음 빈칸에 들어갈 말이 나머지와 <u>다른</u> 것을 고르시오.

① You are Jake's cousin, _____ you?
② They are in the same class, _____ they?
③ James and Jessica are dating, _____
   they?
④ They went back to China, _____ they?
⑤ You and Carlos are from Spain, _____
   you?

10 의문사

다음 빈칸에 알맞은 의문사를 고르시오.

> A: _____ did you go to the concert with?
> B: I went there with Isabella.

① How long   ② Where
③ When   ④ Who
⑤ Why

부가의문문

부가의문문은 평서문 뒤에 덧붙이는 의문문으로 상대방에게 동의를 구하거나 확인하기 위해 쓴다.

부가의문문 만드는 방법

> ① 부가의문문은 「~, 동사+주어?」의 형태로 쓴다.
> ② 긍정의 평서문 뒤에는 부정의 부가의문문을, 부정의 평서문 뒤에는 긍정의 부가의문문을 쓴다.
> ③ 평서문에 be동사·조동사가 쓰였으면 그대로 쓰고, 일반동사가 쓰였으면 do동사를 쓴다. 시제는 평서문의 시제와 일치시키며, 부정의 부가의문문은 축약형으로 쓴다.
> ④ 부가의문문의 주어를 대명사로 바꾼다.

Lewis is from England, **isn't he**?
You like pizza, **don't you**?
Wash your hands before lunch, **will you**?

핵심 평서문의 동사가 be동사이면 부가의문문에도 be동사를, 일반동사이면 부가의문문에는 do동사를 쓴다.

의문사

'누가, 무엇을, 어떤, 언제, 어디서, 왜, 어떻게'와 같은 정보를 물을 때 쓰는 말로, 의문사로 시작하는 의문문은 「의문사+동사[be동사/do동사/조동사]+주어 ~?」의 형태로 쓴다.

> - who: 누구
> - what: 무엇, 무슨
> - which: 어느 것, 어느[어떤]
> - when: 언제
> - where: 어디서
> - why: 왜
> - how: 어떤, 어떻게
> - how+형용사[부사]: 얼마나 ~한[하게]

핵심 Isabella와 같이 갔다고 대답하고 있으므로, 누구와 함께 갔는지를 묻는 문장이다.

11 부사의 형태와 의미

다음 중 밑줄 친 부분이 어법상 **틀린** 것을 고르시오.

① John can run <u>fast</u>.
② Swimming in this lake is <u>highly</u> dangerous.
③ The nurse came <u>lately</u> today.
④ I studied <u>hard</u> for the test.
⑤ He went to bed <u>early</u> last night.

부사의 형태와 의미

형용사와 형태가 같은 부사	fast (형 빠른 부 빨리)
	early (형 이른 부 일찍)
	late (형 늦은 부 늦게)
	hard (형 열심히 하는 부 열심히)
	high (형 높은 부 높게)
	near (형 가까운 부 가까이)
〈부사+ly〉가 다른 의미의 부사	late (늦게)　　lately (최근에)
	high (높게)　　highly (매우)
	hard (열심히)　　hardly (거의 ~ 않는)
	near (가까이)　　nearly (거의)

핵심 부사 late는 '늦게'라는 의미이며, 부사 lately는 '최근에'라는 의미이다.

12 4형식 문장의 3형식 전환

다음 중 어법상 옳은 것끼리 바르게 짝지어진 것을 고르시오.

> a. I taught my sister Korean history.
> b. Will you show your new shoes me?
> c. They sent to me some flowers.
> d. Jisu wrote a card to her grandpa.

① a, b
② a, c
③ a, d
④ b, c
⑤ b, d

4형식 문장의 3형식 전환

give, buy, bring, send, show, write, cook 등의 동사는 '~에게 …을 (해)주다'의 의미로 수여동사라고 불리며, 두 개의 목적어인 간접목적어와 직접목적어를 필요로 한다. 4형식 문장은 「주어+수여동사+간접목적어+직접목적어」의 어순으로 쓴다.
이런 4형식 문장은 「주어+수여동사+직접목적어+to/for/of+간접목적어」의 3형식 문장으로 바꿔 쓸 수 있다.

to를 쓰는 동사	give, tell, send, offer, bring, teach, show, sell, lend, pay 등
for를 쓰는 동사	make, buy, get, cook, find 등
of를 쓰는 동사	ask

I *gave* **my girlfriend some flowers.** 〈4형식〉
　　　간접목적어(~에게)　직접목적어(…을)

I *gave* some flowers **to** my girlfriend. 〈3형식〉
　　　직접목적어(…을)　　간접목적어(~에게)

핵심 4형식 문장은 「주어+수여동사+간접목적어+직접목적어」의 어순으로, 3형식 문장은 「주어+수여동사+직접목적어+to/for/of+간접목적어」의 어순으로 쓴다.

13 동명사의 목적어 역할

다음 중 빈칸에 들어갈 수 없는 것을 고르시오.

> Bella _____ writing the novel.

① gave up
② finished
③ loved
④ enjoyed
⑤ learned

동명사의 목적어 역할

동명사를 목적어로 쓰는 동사: enjoy, avoid, mind, finish, keep, give up, quit, practice, consider 등

She *enjoys* dancing. 〈동사의 목적어〉

He thought *about* moving to LA. 〈전치사의 목적어〉

to부정사와 동명사를 모두 목적어로 쓰는 동사: love, like, hate, begin, start, continue 등

to부정사를 목적어로 쓰는 동사: want, need, plan, agree, decide, expect, hope, learn, offer, promise, refuse

핵심 enjoy, finish, give up은 목적어로 동명사를, love는 동명사와 to부정사 둘 다, learn은 to부정사를 목적어로 쓴다.

14 장소의 전치사

다음 중 밑줄 친 부분의 우리말 의미가 알맞지 <u>않은</u> 것을 고르시오.

① A pretty girl is standing <u>next to</u> William.
   = William 옆에
② Children are sitting <u>under</u> the tree.
   = 나무 근처에
③ The coffee shop is <u>in the park</u>.
   = 공원 안에
④ I'm waiting for you <u>in front of</u> the bookstore.
   = 서점 앞에서
⑤ The gift shop is <u>behind</u> the theater.
   = 극장 뒤에

장소의 전치사

in: ~(안)에	at: ~에
on: ~(위)에	over: ~ 위쪽에
under: ~ 아래에	behind: ~ 뒤에
near: ~ 근처에	in front of: ~ 앞에
next to: ~ 옆에	across from: ~ 맞은편에
between A and B: A와 B 사이에	

핵심 under는 '~ 아래에'라는 의미를 가진 전치사이다.

15 문장의 형식

다음 네모 안에서 어법상 알맞은 것끼리 짝지어진 것을 고르시오.

- You look sad / sadly today.
- Dad made a nice chair to / for me.
- I asked my brother bring / to bring a blanket.

① sad – to – bring
② sadly – to – to bring
③ sad – for – bring
④ sadly – for – to bring
⑤ sad – for – to bring

16 셀 수 없는 명사의 수량 표현

다음 우리말과 일치하도록 보기에서 알맞은 말을 골라 쓰시오.

보기 a piece of   a bottle of   a pair of   a cup of

빵 한 조각

정답 _____ bread

문장의 형식

2형식: 「주어+동사+보어」로 이루어진 문장을 2형식이라고 한다. 이때, 보어는 주어를 보충해주는 말이므로 주격보어라고 하며, 보어로 형용사나 명사가 올 수 있다. 다음 동사들 뒤에 형용사가 보어로 온다.

주어	+	look 보이다	smell 냄새가 나다	+	형용사
		feel 느낌이 들다	sound 들리다		
		taste 맛이 나다	seem ~인 것 같다		

4형식 문장의 3형식 전환: 4형식 문장을 3형식 문장인 「주어+수여동사+직접목적어+to/for/of+간접목적어」 어순으로 전환할 수 있다. 이때, 동사에 따라 직접목적어 뒤에 오는 전치사의 종류가 다르다.

to를 쓰는 동사	give, tell, send, offer, bring, teach, show, sell, lend, pay 등
for를 쓰는 동사	make, buy, get, cook, find 등
of를 쓰는 동사	ask

5형식: 「주어+동사+목적어+목적격보어」로 이루어진 문장을 5형식이라고 한다. 목적격보어로는 명사(구), 형용사(구), to부정사(구), 동사원형 등이 올 수 있다. 목적격보어로 to부정사를 취하는 동사에는 want, tell, order, ask, expect, advise, allow 등이 있다.

핵심 동사의 종류와 문장 구조에 따라 뒤에 오는 단어의 형태가 달라지는 점에 유의한다.

셀 수 없는 명사의 수량 표현

셀 수 없는 명사는 cup, glass, piece, slice, sheet 등의 단위를 써서 수량을 나타낸다. 둘 이상의 수량은 단위를 복수형으로 쓴다.

a glass of: 한 잔의	a slice of: 한 조각[면]의
a piece of: 한 조각의	a bottle of: 한 병의
a pair of: 한 쌍의	

She had **a piece of** *bread*.
I drink **eight cups of** *water* a day.

핵심 빵의 조각은 'a piece of ~'를 이용하여 표현한다.

17 「명령문 + and/or」/ 등위접속사

다음 빈칸에 공통으로 들어갈 알맞은 접속사를 쓰시오.

- Buy two books, _____ you will get a free gift.
- I need some flour, eggs, _____ butter to make bread.

정답 _____

18 「감각동사+형용사」(2형식)

다음 주어진 문장의 밑줄 친 부분을 바르게 고쳐 쓰시오.

This silk blouse feels so softly.

정답 _____

「명령문+and/or」

「명령문+and ~」: …해라, 그러면 ~할 것이다
「명령문+or ~」: …해라, 그렇지 않으면 ~할 것이다
Exercise regularly, **and** you'll be healthier.
Eat something now, **or** you will be hungry later

등위접속사

and(그리고), but(그러나), or(또는)는 문법적으로 대등한 단어와 단어, 구와 구, 절과 절을 연결한다. so(그래서)는 절과 절을 연결한다.

핵심 '…해라, 그러면 ~할 것이다'의 의미는 명령문 뒤에 **and**를 써서 나타낸다.

「감각동사+형용사」(2형식)

주어	+	look 보이다 smell 냄새가 나다 feel 느낌이 들다 sound 들리다 taste 맛이 나다 seem ~인 것 같다	+	형용사

The bird **looks** beautiful.
It **sounds** good.
The steak **smells** good.
The cake **tastes** sweet.
His new neighbors **seem** nice.

핵심 동사 feel 뒤에는 형용사가 보어로 온다.

19 조동사 can

다음 주어진 문장과 같은 뜻이 되도록 빈칸에 알맞은 말을 쓰시오.
(3단어로 쓸 것)

> She can read and write Japanese.
> = She _____ read and write Japanese.

정답 _____

20 「동사+목적어+목적격보어」 (5형식)

다음 우리말과 일치하도록 주어진 단어를 활용하여 문장을 완성하시오. (4단어로 쓸 것)

> 엄마는 내가 외출하는 것을 허락하지 않으셨다. (allow, go)
> → Mom didn't _____ out.

정답 _____

조동사 can

조동사 can은 '~할 수 있다'의 의미로 능력·가능을 나타내거나 '~해도 좋다'의 의미로 허가를 나타낼 수 있다.
He **can** hold his son with one arm. 〈능력·가능〉
The test is over. You **can** leave the classroom. 〈허가〉

can이 '~할 수 있다'의 의미일 때 be able to로 바꿔 쓸 수 있으며, 이때 be동사는 주어의 수와 시제에 형태를 맞춘다.
I **am able to** speak Chinese.
They **are able to** swim.

핵심 능력·가능을 나타내는 can은 be able to로 바꿔 쓸 수 있다.

「동사+목적어+목적격보어」 (5형식)

「주어+동사+목적어+목적격보어」로 이루어진 문장을 5형식이라고 한다. 목적격보어로 to부정사를 취하는 동사는 want, tell, order, ask, expect, advise, allow 등이다.
Dad **told** me **to come** home early.
I **want** you **to set** a goal.

핵심 동사 allow는 목적격보어로 to부정사가 온다.

MEMO